ADMINISTRACIÓN

AL

INSTANTE

CIENCIA PARA EL ÉXITO Y PREVENIR FRACASOS

EDUARDO NAVARRO DELGADO

Prólogo

¡Hola! Soy Eduardo Navarro, y antes de que te sumerjas en las páginas de este libro, quiero compartirte un poco sobre mí y el propósito que me llevó a escribirlo. Tengo 75 años, soy mexicano y tuve el privilegio de formar parte de la primera generación de Licenciados en Administración de Empresas de la Universidad de Guadalajara, en mi querida Guadalajara, Jalisco.

Mi vida ha estado marcada por el compromiso con mi familia, mi equipo de trabajo y la búsqueda constante de conocimiento. He aprendido que la administración no es solo una ciencia que se aplica a empresas o gobiernos; es una forma de vida, una filosofía que, bien entendida, puede transformar no solo nuestros negocios, sino también nuestras relaciones, metas y sueños.

Como padre, amigo y profesional, he visto de cerca los desafíos que enfrentamos al tratar de balancear nuestras responsabilidades, superar obstáculos y mantenernos en el camino del crecimiento personal y profesional. La administración, para mí, ha sido ese puente que me ha permitido avanzar con serenidad en tiempos difíciles, conectar con los demás y construir una vida llena de aprendizajes y satisfacciones.

Escribir este libro ha sido un sueño hecho realidad. Quiero compartir contigo los conocimientos y experiencias que he acumulado a lo largo de mi vida, para que puedas aplicarlos en tu propia trayectoria. Ya sea que estés iniciando tu carrera, liderando una empresa o simplemente buscando herramientas para organizar mejor tu vida, este libro tiene algo para ti.

A través de estas páginas, recorreremos juntos los fundamentos históricos de la administración, aprenderemos de los grandes referentes que revolucionaron esta disciplina y transmitir cómo aplicarla en contextos modernos, desde la gestión personal hasta el uso de tecnologías como la inteligencia artificial. Pero más allá de los conceptos técnicos, mi deseo es que encuentres en este libro una guía práctica, amigable y motivadora que te inspire a ser la mejor versión de ti mismo.

En mi experiencia, el éxito no se mide únicamente en resultados tangibles, sino en nuestra capacidad para superar los retos con serenidad, aprender de los fracasos y celebrar los triunfos, grandes o pequeños, con generosidad. Este libro no solo trata sobre cómo administrar empresas o recursos; trata sobre cómo administrar sueños, relaciones y, sobre todo, nuestra vida.

Gracias por permitirme acompañarte en este recorrido de conocimiento al instante

Mi compromiso contigo es ofrecerte herramientas y reflexiones que te ayuden a alcanzar tus metas y a disfrutar del proceso. Recuerda: no importa de dónde vengas o los desafíos que hayas enfrentado, lo que realmente importa es hacia dónde decides ir y en qué persona deseas convertirte.

Con gratitud y entusiasmo por lo que está por venir,

Eduardo Navarro Delgado

ÍNDICE :

1. **Introducción a la Administración: Ciencia, Arte y Estrategia (PAG 11)**
   Descubre qué es la administración, su evolución histórica y por qué es esencial en todos los aspectos de la vida, desde lo personal hasta lo profesional.
2. **Lecciones del Pasado: De Chanakya a Luca Pacioli (padre de la Contabilidad) (PAG 33)**
   Un recorrido por las raíces de la administración y la contabilidad, explorando cómo los antiguos registros y las enseñanzas de visionarios moldearon las bases de esta disciplina.
3. **Fundamentos Clásicos: los padres de la Administración: Frederick Taylor, Henry Fayol, Peter Drucker, Max Weber y Otros Pioneros (PAG 48)**

   Estos Principios y teorías clave de los grandes referentes de la administración siguen vigentes y transformando la forma en que se dirigen las organizaciones.

4. **Administración Personal: Tu Primera Empresa Eres Tú (PAG 60)**
   Aprende a aplicar herramientas administrativas en tu vida personal para definir metas, gestionar recursos y optimizar tu tiempo.
5. **Los 8 Tipos de Contabilidad: ¿Cuál Es Su Rol en la Administración? (PAG 75)**
   Una guía práctica para entender los diferentes tipos de contabilidad y su relación con la administración en contextos personales y empresariales.
6. **Superar Conflictos y Prevenir Fracasos: Estrategias Infalibles (PAG 90)**
   Técnicas probadas para enfrentar desafíos, resolver problemas y transformar obstáculos en oportunidades de aprendizaje y crecimiento.
7. **Administración Empresarial Moderna: Herramientas y Modelos Eficaces (PAG 98)**
   Explora cómo implementar estrategias administrativas en negocios y servicios para alcanzar el éxito de manera eficiente.

8. **Inteligencia Artificial y Administración: El Futuro al Alcance de Todos (PAG 107)**
Descubre cómo la IA está revolucionando la administración, desde la automatización de procesos hasta la toma de decisiones estratégicas.

9. **Gestión de Gobiernos: Ejemplos y Modelos Inspiradores (PAG 128)**
Un análisis de cómo los principios administrativos se aplican en el ámbito gubernamental para el beneficio de la sociedad.

10. **El Camino Hacia el Éxito: Conclusiones y Reflexiones Finales (PAG 143)**
Un cierre inspirador que integra las principales lecciones del libro, motivando al lector a aplicar la administración para alcanzar sus metas personales y profesionales.

Capítulo 1: Introducción a la Administración: Ciencia, Arte y Estrategia

La administración es mucho más que una simple herramienta para gestionar negocios o manejar recursos. Es una disciplina integral que combina aspectos científicos, creativos y estratégicos para organizar, dirigir y optimizar recursos en busca de objetivos. En este capítulo, explicaré qué es la administración, su evolución histórica y su importancia tanto en el ámbito personal como profesional.

¿Qué es la administración?

La administración puede definirse como el proceso sistemático de planificar, organizar, dirigir y controlar recursos humanos, materiales, tecnológicos y financieros para alcanzar metas específicas de manera eficiente y eficaz.

- **Eficiencia** implica lograr los objetivos con el menor uso posible de recurs

- **Eficacia** se refiere a cumplir las metas establecidas de manera efectiva.

En esencia, la administración es tanto una ciencia como un arte. Combina principios y teorías probadas con la creatividad y adaptabilidad necesarias para enfrentar desafíos únicos.

La administración como ciencia

La administración se fundamenta en teorías, principios y modelos que han sido desarrollados, probados y refinados a lo largo del tiempo. Se apoya en análisis racionales y datos concretos para tomar decisiones informadas. Como ciencia, la administración busca predecir resultados y establecer metodologías que puedan replicarse para obtener éxito.

La administración como arte

Si bien la administración utiliza principios científicos, su ejecución requiere creatividad, intuición y habilidades interpersonales. Cada líder o administrador aporta su estilo único, enfrentando desafíos de manera innovadora y adaptándose a situaciones cambiantes.

La administración como estrategia

La administración estratégica es el núcleo de cualquier organización exitosa. Implica evaluar el entorno interno y externo, establecer metas claras y diseñar un plan para alcanzarlas. Este enfoque estratégico es lo que permite a las empresas, los gobiernos y los individuos adelantarse a los cambios y mantenerse competitivos.

Diferencia entre administración y gestión

Aunque a menudo se usan como sinónimos, administración y gestión no son exactamente lo mismo:

- **La Administración** se centra en la planificación y el establecimiento de objetivos.
- **Gestión** es la ejecución de esas estrategias en el día a día.

En otras palabras, la administración crea el plan maestro, mientras que la gestión lo lleva a cabo. Ambos procesos son complementarios y esenciales.

Evolución histórica de la administración

La administración no es un concepto moderno; ha evolucionado a lo largo de milenios, adaptándose a las necesidades y cambios sociales.

1. **Antigüedad**
   - Los primeros registros administrativos datan de civilizaciones como la babilónica, egipcia e india, donde se utilizaban sistemas rudimentarios para organizar recursos y trabajos masivos, como la construcción de pirámides o canales.
   - En la India, Chanakia (350 a.C.) también conocido como Kautilya escribió el *Arthashastra*, (un texto sobre el arte de gobernar la política económica y la estrategia militar)
2. **Imperio Romano**
   - El emperador Augusto(año 27 a.C. El primer emperador de Roma) implementó sistemas administrativos avanzados para gestionar un vasto imperio, dividiendo responsabilidades

entre provincias y utilizando registros contables precisos.

3. **Renacimiento y la contribución de Luca Pacioli**
   - Durante el Renacimiento, el monje italiano Luca Pacioli, conocido como el padre de la contabilidad, desarrolló el sistema de partida doble, que revolucionó la forma en que se registraban las finanzas y proporcionó una base sólida para la administración moderna.

4. **Revolución Industrial**
   - La industrialización trajo consigo la necesidad de métodos más eficientes para gestionar fábricas y trabajadores. Figuras como Henry Fayol y Frederick Taylor introdujeron teorías sobre la división del trabajo, la eficiencia y la organización empresarial.

5. **Siglo XX y los grandes pensadores**
   - Peter Drucker popularizó la idea de la "gestión por objetivos", que integraba la motivación humana en el proceso administrativo.

- Mary Parker Follett destacó la importancia de la colaboración y las relaciones humanas en las organizaciones.

6. **Administración contemporánea y la era digital**
   - En la actualidad, la administración enfrenta retos complejos como la globalización, la sostenibilidad y la transformación digital. Las herramientas tecnológicas, como la inteligencia artificial y el análisis de datos, están redefiniendo la forma en que se administra en todos los niveles.

Importancia de la administración en todos los aspectos de la vida

La administración no se limita al ámbito empresarial; es una habilidad esencial en todos los aspectos de la vida:

1. **En lo personal**
   - Organizar el tiempo, establecer metas y manejar recursos personales son

actos de administración cotidiana que nos permiten alcanzar objetivos y vivir con propósito.
2. **En lo profesional**
    - En el lugar de trabajo, la administración eficiente mejora la productividad, optimiza recursos y fomenta un ambiente colaborativo.
    - Para empresarios y emprendedores, una buena administración es la diferencia entre el éxito y el fracaso.
3. **En la sociedad**
    - Gobiernos y organizaciones no gubernamentales dependen de la administración para implementar políticas públicas, gestionar recursos y garantizar el bienestar colectivo.
4. **En tiempos de crisis**
    - La administración estratégica permite superar adversidades, adaptarse a cambios y aprovechar oportunidades en situaciones inciertas.

La administración como clave para el éxito

Ya sea que dirijas una empresa, administres tu hogar o planifiques tu futuro, la administración es la herramienta que te permitirá organizar, priorizar y ejecutar tus metas. Entender sus principios no solo aumenta tu capacidad para manejar recursos, sino que también te prepara para enfrentar desafíos de manera estructurada y eficiente.

En las siguientes páginas, explicaremos cómo aplicar los principios de la administración en diferentes contextos, desde las lecciones del pasado hasta las herramientas del presente. Este libro te guiará para convertirte en un administrador más eficiente, logrando resultados extraordinarios tanto en tu vida personal como profesional.

Administración: Un constante aprendizaje continuo

La administración no es una habilidad que se domina de una vez; es un proceso dinámico que evoluciona con cada experiencia y cada desafío. A lo largo de este libro, descubrirás cómo los principios administrativos se adaptan a las necesidades actuales y cómo pueden aplicarse en diversos escenarios de tu vida.

Desde los sistemas básicos que han perdurado a lo largo de la historia hasta las tecnologías disruptivas como la inteligencia artificial, la administración sigue siendo la clave para alcanzar el éxito. Aprenderás que no importa la complejidad de una tarea, si aplicas los principios correctos, puedes enfrentarla con confianza y obtener resultados satisfactorios.

La administración como estilo de vida

Más allá de las teorías y técnicas, este libro busca inspirarte a adoptar la administración como un estilo de vida. Organizar tus metas, priorizar tus acciones y evaluar tus resultados son hábitos que, aplicados de forma constante, no solo mejoran tu productividad, sino que también enriquecen tu bienestar personal y profesional

La administración no se trata solo de negocios o grandes empresas; se trata de maximizar tu potencial, construir relaciones significativas y aportar valor a tu entorno.

Una invitación a la acción

Este capítulo introductorio es solo un vistazo general de lo que significa la administración como ciencia, arte y estrategia, así como su relevancia en todos los aspectos de la vida. A medida que avancemos, te invito a reflexionar sobre cómo estos principios pueden integrarse en tu día a día.

Ya seas estudiante, emprendedor, líder, ceo de una empresa o alguien que busca mejorar su vida personal, la administración tiene algo valioso que ofrecerte. Al comprender sus fundamentos y aplicarlos, te prepararás para superar conflictos, prevenir fracasos y construir un camino hacia el éxito

administrar bien no es un lujo, es una necesidad. Es la brújula que te guía a través del caos, transformando metas abstractas en logros concretos.

Con este libro, mi propósito es ayudar a desarrollar esa habilidad, brindar herramientas prácticas y conocimientos que servirán en cada paso del camino. Así que, manos a la obra..., **¡es hora de administrar tu éxito al instante!**

La Administración en el Contexto Actual

Vivimos en una era de constante cambio, marcada por avances tecnológicos, mercados globalizados y una creciente complejidad en las relaciones humanas y profesionales. En este contexto, la administración no es solo una herramienta útil, sino un elemento esencial para adaptarse y prosperar.

- **En lo personal:** Administrar el tiempo, las finanzas y las prioridades es fundamental en un mundo lleno de distracciones. Las personas que dominan estas habilidades son capaces de equilibrar sus responsabilidades con sus metas personales, manteniendo una vida plena y satisfactoria.
- **En lo profesional:** En un entorno laboral competitivo, la capacidad de liderar equipos, optimizar recursos y resolver problemas marca la diferencia entre el éxito y la mediocridad.
- **En las organizaciones:** Empresas e instituciones enfrentan desafíos como la sostenibilidad, la innovación y la gestión del cambio. La administración estratégica es

crucial para mantener su relevancia y competitividad.

El enfoque actual de la administración va más allá de la eficiencia operativa. Se trata de integrar valores como la ética, la sostenibilidad y el bienestar humano en cada proceso, asegurando que los logros económicos vayan de la mano con un impacto positivo en la sociedad.

Herramientas Modernas para Administrar

La administración contemporánea ha evolucionado para aprovechar la tecnología de manera innovadora:

1. **Inteligencia Artificial y Big Data (gestión y análisis de grandes volúmenes de datos) :** Estas herramientas permiten analizar grandes volúmenes de información, identificar patrones y tomar decisiones informadas con mayor rapidez. Desde la gestión de inventarios hasta la predicción de tendencias, la IA está transformando la forma en que administramos.

2. **Software de Gestión:**
   Aplicaciones como ERP (Planificación de Recursos Empresariales) y CRM (Gestión de Relaciones con Clientes) facilitan la integración de procesos y mejoran la comunicación dentro de las organizaciones.
3. **Metodologías Ágiles:**
   En lugar de seguir un enfoque rígido, las metodologías ágiles promueven la adaptabilidad, la colaboración y la entrega continua de resultados. Este enfoque es ideal para entornos dinámicos y proyectos complejos.
4. **Educación y formación continua:**
   Las plataformas de aprendizaje en línea y los programas de capacitación permiten a los administradores mantenerse actualizados en un mundo en constante evolución.

Lecciones Fundamentales de la Administración

A lo largo de la historia y en diferentes disciplinas, la administración ha ofrecido lecciones valiosas que siguen siendo relevantes:

1. **La importancia de la planificación:** Como decía Peter Drucker, "La planificación a largo plazo no es pensar en decisiones futuras, sino en el futuro de las decisiones presentes". Un administrador eficaz siempre mira más allá del horizonte inmediato.
2. **Adaptabilidad al cambio:** Las organizaciones y personas que prosperan son aquellas que abrazan el cambio como una oportunidad, no como una amenaza.
3. **El poder del liderazgo:** Más que gestionar recursos, la administración efectiva se trata de inspirar y guiar a las personas hacia un objetivo común.
4. **Ética y responsabilidad:** En un mundo cada vez más consciente de las implicaciones sociales y ambientales, los administradores tienen la responsabilidad de tomar decisiones que beneficien tanto a las organizaciones como a la sociedad en general.

Una Disciplina para Todos

La administración no está reservada para empresarios, gerentes o líderes políticos. Es una habilidad que **todos** necesitamos desarrollar, independientemente de nuestro rol o etapa de vida.

- **Un estudiante administra su tiempo** para equilibrar estudios, trabajo y vida social.
- **Una familia administra su presupuesto** para garantizar un futuro estable.
- **Una comunidad administra recursos** para mejorar la calidad de vida de sus integrantes, **La empresa o servicio**, para generar riqueza, conocimiento, crecimiento y desarrollo.

Este libro busca acercar los principios administrativos a todas las personas, mostrando cómo pueden aplicarse de manera práctica y efectiva en cualquier contexto.

La administración, como ciencia, arte y estrategia, es la base sobre la cual construimos nuestras vidas, nuestras organizaciones y nuestras sociedades. Entender su importancia y aprender a dominarla nos permite enfrentar los desafíos con confianza y convertir nuestras metas en realidades tangibles.

A lo largo de este libro, explicaré cómo los principios de la administración han evolucionado logrando el éxito, superar los fracasos y prevenir las bancarrotas.

para superar cada proyecto encomendado. Este primer capítulo es solo el comienzo del conocimiento que transformará la forma en que piensas y actúas.

Diferencias entre Contabilidad y Administración: muy importante

Aunque la contabilidad y la administración son disciplinas complementarias que trabajan juntas en diversos contextos, es crucial entender que tienen enfoques, objetivos y funciones diferentes. Ambas son fundamentales para el éxito de cualquier organización o proyecto, pero cada una aborda aspectos específicos.

1. Definición y Propósito Principal

- **Contabilidad:**
  Es el sistema encargado de registrar, clasificar, resumir e interpretar la información financiera de una entidad. Su

objetivo es proporcionar datos claros y precisos sobre la situación económica y financiera, lo que permite a los interesados tomar decisiones informadas.

Ejemplo: Calcular los ingresos, gastos, activos y pasivos para generar un estado financiero que muestre la salud económica de una empresa.

- **Administración:**
Es el proceso de prever, planificar, organizar, ejecutar, dirigir y controlar recursos (humanos, financieros, materiales y tecnológicos) para alcanzar objetivos de manera eficiente y efectiva. Su propósito es coordinar todos los esfuerzos necesarios para lograr metas específicas.

Ejemplo: Diseñar una estrategia empresarial para aumentar la cuota de mercado en un período determinado. aumentar resultados financieros de los activos pasivos,

2. Enfoque de la Disciplina

- **Contabilidad:**
Se centra en los datos pasados y actuales

para generar informes que reflejen el estado financiero y permitan el cumplimiento de obligaciones legales y fiscales. Es un enfoque cuantitativo que responde a preguntas como:
- ¿Cuánto se ganó o perdió?
- ¿Qué recursos tiene la empresa?

- **Administración:**
Se enfoca en el presente y el futuro. Su mirada es más cualitativa y estratégica, buscando responder a cuestiones como:
  - ¿Cómo se pueden optimizar los recursos?
  - ¿Qué pasos deben seguir para alcanzar los objetivos establecidos?

3. **Campo de Aplicación**

- **Contabilidad:**
Su ámbito está limitado a las finanzas y el registro de transacciones económicas. Incluye actividades como:
  - Elaboración de estados financieros.
  - Cumplimiento fiscal y auditorías.
  - Análisis de costos.
- **Administración:**
Es mucho más amplia, abarcando diversas áreas, como:

- Gestión de recursos humanos.
- Planificación estratégica.
- Control de operaciones.

4. Herramientas y Métodos

- **Contabilidad:**
  Utiliza sistemas y estándares contables como:
    - Normas de Información Financiera (NIF).
    - Análisis de razones financieras.
    - Software contable para registrar y generar reportes.
- **Administración:**
  Emplea herramientas y metodologías de diversa índole, como:
    - Matriz FODA (fortalezas y debilidades) para análisis estratégico.
    - Métodos de planificación (OKR, Balanced Scorecard). cuadro de mando integral correcto
    - Tecnologías como ERP e IA para optimizar procesos. (software de flujo de datos proporcionados por única fuente de confianza)
    -

5. Usuarios Principales

- **Contabilidad:**
Sus informes están dirigidos principalmente a:
    - Inversionistas.
    - Instituciones financieras.
    - Autoridades fiscales.

- **Administración:**
Sus resultados benefician a:
    - Gerentes y líderes empresariales.
    - Equipos de trabajo.
    - Toda la organización, ya que involucra tanto la toma de decisiones como la ejecución.

6. Temporalidad de las Decisiones

- **Contabilidad:**
Actúa como una herramienta de análisis retrospectivo, generando reportes basados en eventos ya ocurridos.
    - Ejemplo: Presentar un estado de resultados del trimestre anterior.

- **Administración:**
  Se enfoca en decisiones prospectivas, guiadas por planes estratégicos y objetivos a largo plazo.
    - Ejemplo: Diseñar una campaña para incrementar ventas en el próximo semestre.

7. Relación entre Ambas

Aunque tienen diferencias claras, contabilidad y administración son interdependientes. La contabilidad proporciona la información financiera que la administración necesita para tomar decisiones fundamentadas. A su vez, las estrategias administrativas influyen en las operaciones que posteriormente se registran en los sistemas contables.

Ejemplo práctico muy conocido
Un gerente administrativo utiliza los informes contables para evaluar el rendimiento económico y decidir si es factible expandir la empresa, contratar más personal o ajustar el presupuesto operativo.

La contabilidad y la administración son como las dos caras de una moneda: distintas pero inseparables. Mientras que **la contabilidad actúa**

como el guardián de los datos financieros, la administración es el estratega que utiliza esa información para planificar el futuro.

Comprender estas diferencias y su relación permitirá no solo aprovechar al máximo ambas disciplinas, sino también integrarlas para optimizar la vida personal y profesional. Ayudar enseñando a otros a la mejora continua en calidad de su trabajo, su vida y la conciencia para mantenernos innovadores en nuestro planeta, (nuestra única casa) sostenibles, resilientes, biodiversos y en equilibrio, equitativos y saludables como beneficio igual y mutuo para toda la humanidad.

"**La Contabilidad como función específica** es registrar, clasificar, analizar e interpretar la situación financiera de las personas o empresas para la toma de decisiones correctas. "

"**La Administración al instante** trata de involucrar y motivar a otras personas para lograr los resultados deseados"

"**Gestión adecuada** consiste en delegar a la gente promedio, como hacer su trabajo dia a dia con instrucción de gente superior.

Capítulo 2: Lecciones del Pasado

Desde Chanakya a Luca Pacioli: un recorrido por las raíces de la administración y la contabilidad

La historia es un espejo en el que se reflejan los conocimientos y aprendizajes de la humanidad. En el caso de la administración y la contabilidad, estas disciplinas tienen raíces profundas que se extienden a las civilizaciones antiguas. Las prácticas que hoy consideramos fundamentales fueron moldeadas por visionarios que, con sus ideas, establecieron los pilares de estas ciencias. Este capítulo explora cómo figuras como Chanakya y Luca Pacioli, junto con los primeros registros administrativos, dieron forma a los principios que seguimos utilizando en la actualidad.

Chanakya: El Estratega Visionario de la India

Contexto histórico

Chanakya, también conocido como Kautilya o Vishnu Gupta,(vivió en la India entre los siglos IV y III a.C.) Fue un filósofo, economista y consejero del emperador Chandragupta Maurya. Su obra más conocida, el *Arthashastra*, es una compilación monumental de estrategias políticas, económicas y administrativas que sentaron las bases del gobierno eficiente.

Aportaciones clave a la administración

1. **Gestión de recursos:** Chanakya enfatizó la importancia de administrar los recursos de un estado para garantizar su sostenibilidad y crecimiento. Estableció principios para la recaudación de impuestos, el comercio y la distribución de bienes.
2. **Liderazgo estratégico:** Subrayó la necesidad de un liderazgo ético y astuto, capaz de adaptarse a las circunstancias para asegurar el bienestar del pueblo y la estabilidad del reino.
3. **Planificación y control:** Introdujo conceptos de planificación a largo plazo y mecanismos de control para supervisar las actividades gubernamentales y garantizar la rendición de cuentas.

Su legado en la administración moderna

El enfoque práctico de Chanakya hacia la resolución de problemas sigue siendo relevante.

Sus enseñanzas sobre liderazgo, gestión de riesgos y planificación estratégica se reflejan en muchas de las teorías administrativas contemporáneas.

Los Primeros Registros Contables

La necesidad de registrar transacciones económicas y gestionar recursos no es nueva. Desde la antigüedad, las civilizaciones han desarrollado sistemas para controlar el comercio, la agricultura y las finanzas.

Civilización Mesopotámica

En Mesopotamia, alrededor del 3,000 a.C., se utilizaron tablillas de arcilla para registrar transacciones comerciales y agrícolas. Este sistema, basado en escritura cuneiforme, permitió a los sumerios y babilonios llevar un control detallado de sus bienes.

Antiguo Egipto

En Egipto, los escribas desempeñaron un papel crucial al registrar cosechas, impuestos y bienes del faraón. Este sistema administrativo garantizaba que los recursos del reino fueran utilizados de manera eficiente.

Imperio Romano

El Imperio Romano perfeccionó los sistemas contables para gestionar su vasta red de territorios. El concepto de *ratio* (razón o proporción) fue desarrollado para evaluar el rendimiento económico, precursor de los análisis financieros actuales.

Luca Pacioli: El Padre de la Contabilidad

Vida y obra

Luca Pacioli, un monje y matemático italiano del Renacimiento, es conocido como el "padre de la contabilidad". En 1494, publicó *Summa de Arithmetica, Geometria, Proportioni et Proportionalità*, una obra que incluye la primera descripción documentada del método de partida doble, base de la contabilidad moderna.

Aportaciones clave

1. **Método de partida doble:** Este sistema registra cada transacción en dos cuentas, garantizando un equilibrio constante entre activos y pasivos.
2. **Normas y principios:** Pacioli estableció estándares contables claros, como la

importancia de llevar libros ordenados y verificar regularmente los registros financieros.
3. **Educación contable:** Su obra popularizó la contabilidad entre comerciantes y banqueros, transformándola en una disciplina accesible y esencial para los negocios.

Su impacto en la actualidad

El legado de Pacioli trasciende el tiempo. El método de partida doble sigue siendo la base de los sistemas contables en todo el mundo, y su énfasis en la precisión y el orden continúa guiando a los profesionales del área.

Las Raíces de la Administración

Además de Chanakya y Pacioli, otras figuras y civilizaciones han contribuido al desarrollo de la administración como disciplina.

Confucio y la ética en la gestión

El filósofo chino Confucio (551-479 a.C.) enfatizó la importancia de la moralidad, la justicia y el respeto en la gestión de comunidades. Su enfoque en la armonía social sigue siendo una guía ética para los administradores modernos.

Los artesanos egipcios y la organización laboral

En el Antiguo Egipto, la construcción de pirámides y templos requería una administración meticulosa. Los administradores organizaban equipos de trabajadores, supervisando recursos y aseguraban la logística necesaria para completar estas monumentales obras.

La Revolución Industrial

Aunque más reciente, la Revolución Industrial (siglo XVIII) marcó un punto de inflexión en la administración. Con la introducción de máquinas y fábricas, surgieron nuevas formas de organizar el trabajo, sentando las bases de la gestión empresarial moderna.

Lecciones del Pasado para el Presente

1. **Adaptación al contexto:** Las estrategias administrativas y contables han evolucionado para responder a las necesidades de cada época. Hoy,

enfrentamos desafíos como la digitalización y la globalización, que requieren enfoques igualmente innovadores.
2. **Importancia de los valores:** Desde la ética confuciana hasta las enseñanzas de Pacioli, los principios morales han sido un pilar fundamental de estas disciplinas.
3. **Conexión entre lo antiguo y lo moderno:** Aunque las herramientas y los métodos han cambiado, los objetivos básicos de la administración y la contabilidad permanecen: optimizar recursos, planificar el futuro y garantizar el éxito sostenible.

Este recorrido por las raíces de la administración y la contabilidad es solo una valiosa aportación que demuestra que estas disciplinas no surgieron de la nada. Son el resultado de siglos de reflexión, experimentación y aprendizaje acumulado. Una herencia para facilitar el trabajo a las nuevas generaciones.

Desde las enseñanzas de Chanakya hasta los aportes de Luca Pacioli, pasando por los registros de las primeras civilizaciones, la historia nos muestra que la administración y la contabilidad han sido fundamentales para el progreso humano. En este capítulo, exploramos sus inicios, pero en los próximos, nos adentraremos en cómo estas lecciones del pasado pueden aplicarse en el mundo contemporáneo para enfrentar los desafíos de nuestro tiempo.

El legado de estos visionarios no solo nos inspira, sino que también nos guía en el camino hacia una administración más efectiva, ética y adaptada a las necesidades del siglo XXI. Sigamos aprendiendo y descubriendo, cómo eran sus controles y pagos de entonces:

La Administración de Recursos Humanos en la Historia: Controles y Pagos

La construcción de grandes obras en la antigüedad, como pirámides, templos, caminos y fortalezas, requería una organización extraordinaria. Administrar cientos, incluso miles, de trabajadores sin las herramientas tecnológicas actuales era un desafío titánico. Los métodos de control y pago, aunque rudimentarios según los estándares modernos, reflejan un entendimiento avanzado de gestión laboral para su tiempo.

Control de Trabajadores en la Construcción Antigua

Antiguo Egipto: Los Constructores de Pirámides

La construcción de las pirámides egipcias, como la Gran Pirámide de Giza, es un ejemplo sobresaliente de gestión de recursos humanos.

1. **Organización jerárquica:**
   - Se dividía a los trabajadores en equipos conocidos como "filas" o "bandas," cada una liderada por un supervisor. Estos supervisores reportaban a administradores de nivel medio, quienes a su vez resumian a altos funcionarios designados por el faraón.
   - Cada equipo tenía tareas específicas: canteros, transportadores de bloques, carpinteros, artistas y escribas.
2. **Registro de asistencia:**
   - Los escribas mantenían registros detallados de los trabajadores, anotando quién estaba presente, ausente o incapacitado. Tablillas de

arcilla y papiros encontrados en excavaciones evidencian este control, donde incluso se registraban excusas médicas o familiares.
3. **Supervisión constante:**
    - Supervisores recorrían las áreas de trabajo para garantizar que las tareas avanzaran según lo planeado. El cumplimiento de metas era medido por la cantidad de bloques movidos o los avances en cada etapa de la construcción.

Imperio Romano: Infraestructura Monumental

El Imperio Romano llevó la gestión laboral a un nivel más avanzado con sus vastos proyectos de carreteras, acueductos, anfiteatros y fortalezas.

1. **Jerarquía militar en la construcción:**
    - Muchas construcciones romanas eran ejecutadas por soldados. Se usaban principios militares para la

asignación de tareas, la disciplina y el cronograma.

2. **Planificación meticulosa:**
   - Los romanos utilizaban planos detallados y listados de trabajadores, asegurando que cada persona supiera exactamente su función.
3. **Control centralizado:**
   - Los magistrados supervisaban el progreso general, mientras los ingenieros actuaban como intermediarios entre los líderes políticos y los trabajadores.

Formas de Pago en la Antigüedad

Pagos en Especie

La moneda no siempre fue la forma principal de remuneración en la antigüedad. Muchas sociedades usaron bienes y servicios para compensar a los trabajadores:

1. **Egipto:**
   - A los constructores de pirámides se les pagaba con raciones de alimentos, principalmente pan y

cerveza, considerados básicos y valiosos. También recibían cebollas, ajos y pescado como suplementos nutricionales.
- Este sistema aseguraba que los trabajadores estuvieran alimentados y lo suficientemente saludables para desempeñar sus tareas.

2. **Mesopotamia:**
   - Los trabajadores de templos o canales eran compensados con cebada, aceite y lana. Este sistema de pagos en especie formaba parte de una economía redistributiva organizada por templos y palacios.

Pagos en Moneda

Con el surgimiento de las monedas como medio de intercambio en civilizaciones como Grecia y Roma, los pagos comenzaron a realizarse en efectivo:

1. **Grecia clásica:**
   - Los trabajadores contratados para obras públicas, como el Partenón, recibían pagos en monedas de plata. Estos pagos fomentaban el comercio local, permitiendo a los trabajadores

adquirir bienes según sus necesidades.

2. **Roma:**
   - A los soldados constructores, además de un salario fijo (*stipendium*), se les ofrecían recompensas como tierras o bonificaciones adicionales tras completar proyectos importantes.

Beneficios No Monetarios

En muchas culturas, el pago era más allá de lo material:

1. **Reconocimiento social:**
   - Participar en proyectos monumentales podía elevar el estatus social de los trabajadores, especialmente si la obra tenía un propósito religioso o patriótico.
   -
2. **Protección y vivienda:**
   - En Egipto, los trabajadores vivían en aldeas construidas cerca de los proyectos, con acceso a alimentos y seguridad proporcionados por el estado.

3. **Festividades y rituales:**
    - En Roma y Egipto, las festividades religiosas o ceremonias marcaban la finalización de proyectos, otorgando un sentido de orgullo y pertenencia a quienes participaron.

Lecciones de Administración de la Antigüedad para la de Hoy:

1. **El valor del registro detallado:**
    - Los métodos egipcios y romanos de mantener registros de asistencia y desempeño siguen siendo un fundamento en la administración moderna. Hoy en día, los sistemas digitales replican estos principios.
2. **Remuneración integral:**
    - Las antiguas prácticas de combinar pagos materiales con beneficios sociales y emocionales muestran la importancia de reconocer el esfuerzo humano de manera holística.

3. **Organización y jerarquía:**

    o Las estructuras jerárquicas implementadas en estas civilizaciones demuestran que una división clara de roles y responsabilidades es esencial para proyectos exitosos.

    o

La administración de trabajadores en la antigüedad fue un reflejo de las necesidades y valores de cada sociedad. Aunque los métodos han evolucionado con la tecnología y los cambios culturales, las lecciones del pasado siguen siendo aplicables. Los sistemas de control, las formas de pago y los beneficios para los trabajadores demuestran que, desde tiempos remotos, la administración existe.

" **su éxito depende en mucho, de comprender y valorar a las personas que lo hacen posible**"

Capítulo 3: Fundamentos Clásicos: Henry Fayol, Peter Drucker y Otros Pioneros

Principios y teorías clave de los grandes referentes, padres de la administración, que siguen vigentes y transforman la forma en que dirigimos organizaciones.

La administración, como disciplina, no surgió de la noche a la mañana. Su evolución ha sido el resultado del ingenio y la dedicación de visionarios que, a través de sus teorías y principios, sentaron las bases para transformar cómo las organizaciones operan. Este capítulo explora los aportes de pioneros fundamentales como Henry Fayol, Peter Drucker y otros grandes referentes que marcaron un antes y un después en la forma en que entendemos la administración.

Henry Fayol: El Fundador de la Teoría Administrativa

Henri Fayol (1841-1925), un ingeniero francés, es considerado uno de los padres de la administración moderna. Su contribución más importante radica en haber desarrollado un marco integral para la gestión de organizaciones.

Principios de Fayol

Fayol identificó **14 principios de administración** que, en su visión, eran universales y aplicables a cualquier organización:

1. **División del trabajo:** La especialización aumenta la eficiencia y la productividad.
2. **Autoridad y responsabilidad:** Los líderes deben tener la capacidad de tomar decisiones y asumir las consecuencias.
3. **Disciplina:** Es esencial para mantener el orden y el cumplimiento de las normas.
4. **Unidad de mando:** Cada empleado debe recibir instrucciones de un solo superior.
5. **Unidad de dirección:** Un plan único debe guiar a cada grupo de actividades.
6. **Subordinación del interés individual al general:** Los intereses de la organización deben prevalecer sobre los personales.
7. **Remuneración:** Una compensación justa es clave para motivar a los empleados.
8. **Centralización:** El grado de centralización o descentralización depende de la naturaleza de la organización.
9. **Cadena de mando:** Una línea clara de autoridad facilita la comunicación.

10. **Orden:** Cada recurso debe tener su lugar, y cada tarea, un tiempo adecuado.
11. **Equidad:** Tratar a los empleados con justicia genera lealtad y compromiso.
12. **Estabilidad del personal:** Reducir la rotación mejora la eficiencia.
13. **Iniciativa:** Fomentar la creatividad e ideas de los empleados beneficia a la organización.
14. **Espíritu de equipo:** Promover la cooperación y el trabajo en equipo es fundamental.

Funciones Administrativas

Fayol identificó cinco funciones básicas de la administración que describen el ciclo de gestión:

1. **Planificar:** Establecer objetivos y trazar estrategias para alcanzarlos.
2. **Organizar:** Asignar recursos y tareas de manera eficiente.
3. **Dirigir:** Motivar y guiar a los empleados hacia el logro de metas.
4. **Coordinar:** Asegurar que todas las actividades se integren de forma armoniosa.
5. **Controlar:** Evaluar el desempeño y realizar ajustes cuando sea necesario.

Peter Drucker: El Arquitecto del Management Moderno

Peter Drucker (1909-2005), un escritor y consultor austriaco, es ampliamente reconocido como el padre del "management". Drucker revolucionó la forma de ver las organizaciones al poner énfasis en las personas, la innovación y los resultados.

Contribuciones Clave de Drucker

1. **La administración como una práctica universal:** Drucker argumentaba que la administración no era solo para empresas, sino que podía aplicarse a gobiernos, instituciones educativas y organizaciones sin fines de lucro.
2.
3. **La gestión por objetivos (MBO):**
    - Introdujo el concepto de alinear los objetivos de la organización con los objetivos individuales de los empleados.
    - Este enfoque fomenta la responsabilidad personal y la claridad en la dirección estratégica.

4. **Importancia del cliente:**
   - Según Drucker, la verdadera razón de ser de cualquier organización es crear y mantener clientes. "El propósito de un negocio no es generar ganancias; es crear un cliente."
5. **El conocimiento como recurso principal:**
   - Drucker identificó que, en la era moderna, el conocimiento había superado al capital físico como el recurso más valioso para las organizaciones.
6. **La importancia de la innovación:**
   - Drucker creía que la innovación era esencial para la supervivencia y el crecimiento de las organizaciones en un mundo en constante cambio.

Otros Pioneros Clave

Max Weber: La Burocracia Eficiente

Weber (1864-1920) destacó la importancia de las estructuras organizativas basadas en reglas y procedimientos. Su modelo burocrático se centra en la formalización, la división del trabajo y la profesionalización. Aunque criticado por su rigidez, su enfoque sentó las bases para el desarrollo de grandes corporaciones modernas.

Mary Parker Follett: La Dimensión Humana de la Administración

Follett (1868-1933) fue una de las primeras en destacar la importancia de las relaciones humanas en la gestión. Sus ideas incluyen:

- La administración participativa.
- La resolución de conflictos mediante la integración de intereses opuestos.
- La importancia del liderazgo colaborativo.

James Watt y el Management Industrial

James Watt (1736-1819), junto con su socio Matthew Boulton, aplicó principios administrativos durante la Revolución Industrial. Introdujeron la idea de la estandarización y la eficiencia en la producción masiva.

Impacto Contemporáneo de los Pioneros

A pesar de los cambios tecnológicos y culturales, los principios y teorías de estos referentes siguen siendo fundamentales.

- La **planificación estratégica** de Fayol se utiliza en todas las organizaciones.
- El enfoque en el **cliente y la innovación** de Drucker ha moldeado la visión empresarial moderna.
- La importancia de las **relaciones humanas** de Follett se ha convertido en un pilar del liderazgo efectivo.
- La burocracia de Weber ha sido adaptada para garantizar la **transparencia y la responsabilidad** en gobiernos y corporaciones.

Los fundamentos clásicos no son meramente parte de la historia; son herramientas vivas que cada administrador puede usar para enfrentar los desafíos actuales, demostrando que la administración es, en esencia, un puente entre el pasado, el presente y el futuro.

La vigencia de los fundamentos clásicos en la administración actual

En la actualidad, los principios y teorías desarrollados por estos pioneros no solo son referentes históricos, sino también pilares para enfrentar los desafíos complejos que presentan las organizaciones del siglo XXI. Aunque el entorno ha cambiado, los fundamentos de Fayol, Drucker, Weber y Follett siguen ofreciendo un marco estructurado y adaptable para gestionar tanto a las personas como a los recursos.

Adaptaciones en un mundo moderno

1. **Fayol en el siglo XXI:**
   - Sus principios de administración se han transformado en herramientas para la **gestión ágil**, una metodología utilizada ampliamente en los sectores tecnológicos.
   - Conceptos como la "unidad de mando" y la "unidad de dirección" han sido reinterpretados para adaptarse a estructuras organizativas más horizontales y colaborativas.
2. **Drucker en la era digital:**
   - Su énfasis en el **conocimiento como recurso principal** se refleja en la importancia del "capital humano" en las organizaciones modernas.
   - La gestión por objetivos (MBO) se ha ampliado para incluir herramientas tecnológicas como **OKRs (Objectives and Key Results)**, (permite que los

equipos se enfoquen en resultados en vez de la producción) que permiten un seguimiento más dinámico y en tiempo real del rendimiento organizacional.

3. **Weber y la automatización:**
   - La burocracia estructurada de Weber, aunque criticada por su rigidez, ha sido adaptada a los sistemas digitales. Los **procesos automatizados** y la inteligencia artificial permiten que las organizaciones mantengan un orden y una eficiencia sin necesidad de recurrir a la intervención humana constante.

4. **Follett y el liderazgo inclusivo:**
   - Su visión de la administración participativa ha sido clave en el desarrollo de **equipos multiculturales e inclusivos**. Las organizaciones actuales priorizan el liderazgo empático y colaborativo, valores que Follett defendió hace más de un siglo.

La universalidad de estos principios

Estos fundamentos clásicos no son exclusivos de las grandes corporaciones o gobiernos. También son aplicables en la administración personal y familiar. Desde gestionar el tiempo en el día a día hasta tomar decisiones estratégicas en un pequeño negocio, los principios de estos pioneros nos recuerdan que la administración no es solo una ciencia, sino también un arte que se adapta a las necesidades de cada contexto.

La conexión con la inteligencia artificial y las nuevas herramientas

Un aspecto crucial de la relevancia de los fundamentos clásicos es cómo se combinan con las herramientas modernas. Por ejemplo:

- La **planificación estratégica** se ha integrado en plataformas tecnológicas como softwares de gestión de proyectos (Asana, Trello).
- La **gestión del conocimiento**, que Drucker destaca, ahora se realiza a través de sistemas como bases de datos

colaborativas y plataformas de aprendizaje en línea.
- Los principios de Weber sobre la eficiencia se potencian con el uso de **algoritmos de inteligencia artificial** que optimizan procesos y reducen costos operativos.

Lecciones para los administradores del presente y futuro

El estudio de los pioneros no solo enriquece nuestro entendimiento teórico de la administración, sino que también inspira prácticas concretas:

- **Fayol** nos enseña que la claridad en las funciones y los principios es esencial para cualquier organización.
- **Drucker** nos recuerda que el cliente y la innovación deben ser siempre el centro de nuestra estrategia.
- **Weber** subraya la importancia de la estructura para garantizar la sostenibilidad.
- **Follett** enfatiza el poder de las personas, la colaboración y el respeto mutuo.

Reflexión final del capítulo

Henry Fayol, Peter Drucker, Max Weber y Mary Parker Follett, entre otros, nos dejaron un legado invaluable. Cada uno, desde su perspectiva, nos mostró que administrar no es simplemente un conjunto de técnicas; es un acto consciente y estratégico que tiene un impacto profundo en las personas, las organizaciones y la sociedad.

Hoy, más que nunca, sus principios nos guían hacia una administración más humana, eficiente y adaptable. Nos recuerdan que, aunque las herramientas cambian, los valores y las ideas fundamentales que sostienen una buena gestión son atemporales. Este capítulo no solo honra a los pioneros, sino que también nos invita a reflexionar sobre cómo aplicar sus enseñanzas en nuestra búsqueda constante de excelencia y transformación.

Capítulo 4: Administración Personal: Tu Primera Empresa ¡ Eres Tú !

En la vida, todos somos administradores, aunque muchas veces no lo reconozcamos. La administración no se limita a oficinas, empresas o gobiernos; es una disciplina que empieza en el ámbito más esencial: **nuestra vida personal**. Como individuos, somos responsables de dirigir nuestra propia "empresa": nuestras metas, tiempo, recursos, talentos y emociones. Este capítulo explora cómo aplicar los principios administrativos en nuestra vida cotidiana para alcanzar el éxito, optimizar el tiempo y convertirnos en los directores generales de nuestra propia existencia.

El concepto de administración personal

La administración personal se refiere a la capacidad de **organizar, planificar y ejecutar nuestras actividades** diarias para lograr objetivos personales y profesionales de manera eficiente. Este enfoque no solo aumenta nuestra productividad, sino que también mejora nuestra calidad de vida. En esencia, administrarte a ti mismo significa convertirte en un líder de tu propia vida, tomando decisiones estratégicas que alineen sus acciones con tus valores y metas.

Tu vida como una empresa: las bases administrativas

Imagina que eres el director general de una empresa muy especial: **tú mismo**. En esta empresa, los activos incluye tu tiempo, energía, habilidades y recursos financieros. Al igual que en una organización, el éxito personal depende de cómo gestiones estos elementos clave.

1. **Misión y visión personal:**
    - **Misión:** ¿Qué es lo que te impulsa? Define el propósito de tu vida, ya sea a corto o largo plazo. Ejemplo: "Vivir una vida saludable, productiva y feliz mientras contribuyo al bienestar de los demás."
    - **Visión:** ¿Dónde te ves en el futuro? Una visión clara guía tus acciones diarias. Ejemplo: "Convertirme en un líder respetado en mi industria, mientras mantengo un equilibrio entre mi trabajo y mi vida personal."

2. **Metas y objetivos claros:**
   Las metas personales son tus "proyectos estratégicos". Divide estas metas en objetivos más pequeños y manejables utilizando el método SMART:
3.
   - **Específicos**
   - **Medibles**
   - **Alcanzables**
   - **Relevantes**
   - **Temporales**
   -
4. Por ejemplo: "Ahorrar $10,000 en un año reduciendo gastos innecesarios y aumentando mis ingresos con un proyecto adicional."

5. **Gestión de recursos personales:**
   - **Tiempo:** El recurso más valioso. Aprende a priorizar tareas y evitar distracciones.
   - **Energía:** Gestiona tu bienestar físico y mental. Una buena salud te permite rendir al máximo.

- **Finanzas:** Administra tu dinero con disciplina, invirtiendo en tu desarrollo personal y profesional.
-

6. **Análisis FODA personal:**
   - Identifica tus **Fortalezas**, **Oportunidades**, **Debilidades** y **Amenazas** para entender mejor cómo gestionar tus recursos y superar los desafíos.

Herramientas administrativas aplicadas a la vida personal

1. Planificación estratégica personal

La planificación es el núcleo de cualquier éxito, ya sea empresarial o personal. Define tus prioridades y establece un plan claro.

- **Agenda diaria o semanal:** Organiza tus actividades con un enfoque en lo urgente y lo importante. Herramientas como calendarios digitales (Google Calendar) pueden ayudarte a ser más eficiente.
- **Plan a largo plazo:** Define hitos importantes y revísalos periódicamente.

2. Gestión del tiempo

El tiempo es un recurso limitado que, si no se administra correctamente, puede convertirse en un obstáculo. Usa técnicas como:

- **Matriz de Eisenhower:** Prioriza tareas dividiéndolas en importantes/urgentes, importantes/no urgentes, no importantes/urgentes y no importantes/no urgentes.
- **Bloques de tiempo:** Dedica periodos específicos a actividades clave, minimizando interrupciones.

3. Presupuesto personal

La administración financiera es esencial para evitar el estrés y alcanzar tus metas.

- **Crea un presupuesto mensual:** Asigna categorías para gastos esenciales, ahorros, entretenimiento y desarrollo personal.
- **Invierte en ti:** Cursos, libros y actividades de formación son una inversión en tu futuro

4. Delegación y apoyo

No intentes hacerlo todo solo. Aprende a delegar responsabilidades, ya sea en el ámbito laboral o familiar, para concentrarte en lo que realmente importa.

5. Evaluación y ajustes continuos

Revisa periódicamente tus objetivos y estrategias. Haz ajustes según sea necesario para mantenerte en el camino correcto.

El impacto de una buena administración personal

La administración personal bien aplicada tiene un efecto multiplicador. No solo te permite alcanzar tus metas, sino que también:

- **Reduce el estrés:** Tener un plan claro disminuye la incertidumbre.
- **Mejora la calidad de vida:** Una buena gestión del tiempo y los recursos te permite equilibrar tus responsabilidades con tus pasiones.

- **Fomenta el desarrollo personal:** Te conviertes en una persona más disciplinada y consciente de tus capacidades.
- **Inspira a los demás:** Ser un ejemplo de buena administración personal puede motivar a quienes te rodean a mejorar sus propios hábitos.

Casos prácticos: Cómo aplicar la administración personal

1. **Ejemplo 1: María, una madre trabajadora**
   María equilibra su empleo de tiempo completo con las responsabilidades familiares. Usando una planificación semanal, asigna tiempo para su trabajo, actividades con sus hijos y momentos para cuidar su bienestar. Implementa un presupuesto mensual que le permite ahorrar para la educación de sus hijos.
2. **Ejemplo 2: Juan, un joven emprendedor**
   Juan sueña con iniciar su propio negocio. Comienza creando una visión clara y establece metas SMART para cada etapa de su proyecto. Usa herramientas como un

análisis FODA personal para identificar sus fortalezas (creatividad) y debilidades (falta de experiencia en marketing), buscando apoyo en mentores.

Administrar mejor tu vida personal no es opcional; es una necesidad para aquellos que desean alcanzar sus metas y vivir de manera plena. Al aplicar principios administrativos en tu vida diaria, te conviertes en un líder eficaz, no solo en tu trabajo, sino también en tu hogar y en tu comunidad.

Tu primera y más importante empresa siempre serás tú. Gestiona tu tiempo, recursos y habilidades con la misma dedicación con la que dirigirías un gran negocio. Recuerda que cada pequeño paso en la dirección correcta es un gran avance hacia tus sueños.

Alternativas Modernas de Instrumentos de Inversión

La evolución de la administración personal incluye la gestión eficiente de tus finanzas. Hoy en día, invertir ya no es un lujo reservado para expertos o personas con grandes fortunas; gracias a la tecnología y la globalización, existen opciones accesibles para cualquier presupuesto, permitiéndote participar en mercados que antes parecían inalcanzables. Este apartado te introduce a instrumentos de inversión modernos, desde casas de bolsa tradicionales hasta plataformas digitales que democratizan el acceso a empresas de renombre como Google (ahora Alphabet), Meta (anteriormente Facebook), Amazon, y muchas más.

El mundo de las casas de bolsa y valores

Una **casa de bolsa** es una institución financiera que actúa como intermediario entre los inversionistas y los mercados financieros. Estas casas te permiten comprar y vender instrumentos como acciones, bonos, fondos de inversión, y más.

Cómo funcionan las casas de bolsa

1. **Registro y apertura de cuenta:** Generalmente, puedes abrir una cuenta de inversión con montos iniciales que van desde $100 USD, dependiendo de la institución.
2. **Selección de instrumentos:** Puedes optar por acciones individuales, fondos de inversión, ETFs (fondos cotizados en bolsa), o incluso criptomonedas en algunas plataformas modernas.
3. **Gestión de inversiones:** Decides cuánto invertir y en qué instrumentos, dependiendo de tus objetivos y tolerancia al riesgo.

Plataformas accesibles y su impacto

Empresas tecnológicas como **Google y Meta** cotizan en bolsas como el NASDAQ. Gracias a plataformas como **Robinhood, eToro, Interactive Brokers**, y **GBM** (una casa de bolsa mexicana), ahora es posible adquirir fracciones de acciones (también conocidas como *fractional shares*) con montos pequeños y al alcance de las mayorías hoy.

Ejemplo:

- Comprar una fracción de una acción de Google puede costar menos de $50 USD, dependiendo del precio de mercado.
- Invertir en Meta o Amazon con montos pequeños también es viable, permitiendo que los inversionistas principiantes accedan a mercados globales.

Ventajas de las plataformas modernas:

- **Accesibilidad:** Puedes empezar con tan solo $1 USD en algunas plataformas.
- **Simplicidad:** Interfaces amigables para principiantes.
- **Bajos costos:** Comisiones reducidas o nulas en operaciones básicas.
- **Educación:** Muchas plataformas ofrecen recursos educativos y simuladores.

Instrumentos populares y sus características

1. Acciones

- **Qué son:** Participaciones en empresas que cotizan en bolsa.

- **Cómo ganar:** Obtienes ganancias si el valor de la acción aumenta o si la empresa paga dividendos.
- **Riesgos:** Su valor fluctúa dependiendo del desempeño de la empresa y las condiciones del mercado.

Ejemplo práctico:

- Invertir $100 USD en Google cuando su acción está en $2,800 USD por acción. Si sube a $3,000 USD, tu ganancia proporcional sería de aproximadamente $7 USD.
- Meta, con precios de acciones más accesibles, permite una inversión inicial menor con potencial de crecimiento.

2. ETFs (Fondos Cotizados en Bolsa)

Qué son: Fondos que agrupan múltiples acciones o activos, diversificando tu inversión.

Ventajas: Menor riesgo que invertir en acciones individuales.

Ejemplo: El ETF "S & P 500" incluye las 500 empresas más grandes de Estados Unidos.

3. Fondos de inversión

- **Qué son:** Instrumentos gestionados por expertos que invierten en una combinación de activos.
- **Ventajas:** Perfectos para principiantes que no desean gestionar activamente sus inversiones.
- **Ejemplo:** Fondos especializados en tecnología o sostenibilidad.

4. Criptomonedas

- **Qué son:** Activos digitales como Bitcoin o Ethereum.
- **Ventajas:** Alto potencial de ganancia en poco tiempo.
- **Riesgos:** Alta volatilidad y falta de regulación en algunos países.

5. Crowdfunding de inversiones

- Plataformas como **Propeler** o **Play Business** permiten invertir en startups o proyectos inmobiliarios con montos pequeños.
- Ofrecen rendimientos estimados del 10-15% anual dependiendo del proyecto.

Porcentajes probables de ganancias según el instrumento

Instrumento	Ganancias Anuales Estimadas	Riesgo
Acciones individuales	5-20%	Alto
ETFs	5-10%	Medio
Fondos de inversión	4-8%	Bajo a medio
Criptomoneda	20-100%+	Muy alto
Crowdfunding	8-15%	Medio

Recomendaciones finales

- **Diversifica:** No pongas todo tu dinero en un solo instrumento. Combina acciones, ETFs y fondos para equilibrar riesgos.
- **Infórmate:** Antes de invertir, estudia el mercado y utiliza simuladores si estás empezando.
- **Mantén la calma:** Las inversiones a largo plazo suelen ser más seguras que las operaciones especulativas.

Con algunas de estas herramientas y estrategias, de las muchas opciones de ahora, puedes transformar tus finanzas personales en un motor de crecimiento y éxito. La administración personal no solo se trata de organizar tu tiempo y recursos, sino también de hacer que tu dinero trabaje para ti, abriendo puertas a oportunidades inimaginables.

Capítulo 5: Los 8 Tipos de Contabilidad: ¿Cuál es su Rol en la Administración?

La contabilidad y la administración son dos disciplinas que, aunque distintas, se encuentran intrínsecamente conectadas en el mundo empresarial y personal. Mientras que la administración se centra en planificar, organizar, dirigir y controlar recursos, la contabilidad proporciona los datos cuantitativos necesarios para que esas decisiones se fundamenten de manera efectiva. En este capítulo, exploraremos los **ocho principales tipos de contabilidad**, cómo funcionan y cuál es su relación con la administración en diferentes contextos, desde el personal hasta el empresarial y gubernamental.

¿Qué es la contabilidad y por qué es importante en la administración?

La contabilidad es un sistema estructurado para registrar, clasificar, resumir e interpretar las transacciones financieras de una entidad. Su objetivo principal es proporcionar información útil para la toma de decisiones. En el ámbito administrativo, esta información es esencial para:

- Evaluar el rendimiento de una organización.
- Identificar áreas de mejora o riesgo.
- Garantizar el cumplimiento de normativas legales y fiscales.
- Planificar estrategias financieras efectivas.

Si la administración es la brújula que orienta una organización hacia sus metas, la contabilidad es el mapa que revela dónde estás y qué recursos tienes para avanzar.

Los ocho tipos de contabilidad y su rol en la administración

A continuación, exploramos cada tipo de contabilidad, sus características principales y su utilidad en contextos administrativos:

1. Contabilidad Financiera

- **Definición:** Registra y reporta las transacciones económicas de una entidad en estados financieros como el balance general, el estado de resultados y el flujo de efectivo.

- **Rol administrativo:**
  - Proporciona información clave para evaluar la salud financiera de una empresa.
  - Sirve como base para atraer inversores, solicitar financiamiento y cumplir con regulaciones fiscales.
  - Ayuda a los administradores a entender los ingresos, costos y utilidades, fundamentales para decisiones estratégicas.
- **Ejemplo práctico:** Un gerente revisa el estado de resultados para determinar si puede invertir en nueva tecnología o debe ajustar costos.

---

2. Contabilidad de Costos

- **Definición:** Analiza los costos asociados con la producción de bienes o servicios, incluyendo materias primas, mano de obra y costos indirectos.
- **Rol administrativo:**
  - Permite a los administradores identificar áreas donde se pueden reducir costos sin sacrificar calidad.

- Ayuda en la fijación de precios competitivos y rentables.
- Facilita el análisis de rentabilidad por producto o línea de negocio.
- **Ejemplo práctico:** Una fábrica analiza los costos de producción para determinar si es más rentable fabricar internamente o subcontratar un componente.

---

3. Contabilidad Administrativa

- **Definición:** Proporciona información interna personalizada para la toma de decisiones operativas y estratégicas.
- **Rol administrativo:**
    - Ayuda en la planificación y presupuestación.
    - Proporciona métricas específicas para medir el desempeño de proyectos o departamentos.
    - Permite modelar escenarios para prever resultados futuros.
- **Ejemplo práctico:** Un administrador utiliza reportes internos para decidir si abrir una nueva sucursal o mejorar las operaciones de las existentes.

4. Contabilidad Fiscal

- **Definición:** Se enfoca en registrar las transacciones según las leyes fiscales y preparar declaraciones de impuestos.
- **Rol administrativo:**
    - Garantiza el cumplimiento con las obligaciones fiscales.
    - Optimiza la carga tributaria mediante deducciones y beneficios legales.
    - Evita sanciones y multas que podrían afectar la sostenibilidad de la empresa.
- **Ejemplo práctico:** Un administrador revisa los cambios en las leyes fiscales para ajustar su estrategia de gastos y ahorros.

5. Contabilidad Gubernamental

- **Definición:** Aplicada en entidades públicas, asegura el manejo eficiente y transparente de los recursos del gobierno.
- **Rol administrativo:**

- - Ayuda a planificar presupuestos que cumplan con los objetivos sociales y económicos.
  - Facilita la rendición de cuentas ante los ciudadanos.
  - Evalúa la eficacia de programas y políticas públicas.
- **Ejemplo práctico:** Una oficina gubernamental utiliza la contabilidad para decidir cómo distribuir los fondos en proyectos de infraestructura.

---

6. Contabilidad Internacional

- **Definición:** Se centra en operaciones financieras de empresas que tienen actividades en múltiples países, considerando normativas contables internacionales como las NIIF (Normas Internacionales de Información Financiera).
- **Rol administrativo:**
  - Facilita la comparación de resultados financieros entre países.
  - Ayuda a gestionar el riesgo cambiario y las regulaciones locales.

- - Proporciona información para expandirse en mercados globales.
- **Ejemplo práctico:** Una multinacional adapta sus reportes financieros a las leyes contables de los países donde opera.

---

7. Contabilidad de Gestión Ambiental

- **Definición:** Registra y evalúa el impacto ambiental de las operaciones de una organización.
- **Rol administrativo:**
    - Ayuda a desarrollar estrategias sostenibles.
    - Identifica costos relacionados con el impacto ambiental, como consumo energético o emisiones de carbono.
    - Facilita el cumplimiento con regulaciones medioambientales.
- **Ejemplo práctico:** Una empresa calcula el costo de adoptar paneles solares y los beneficios a largo plazo en ahorro energético.

---

8. Contabilidad Social

- **Definición:** Evalúa el impacto de una organización en la sociedad, considerando factores como empleo, salud, educación y bienestar comunitario.
- **Rol administrativo:**
    - Mide el cumplimiento de responsabilidades sociales corporativas.
    - Ayuda a mejorar la reputación de la empresa.
    - Genera confianza con clientes, empleados y la comunidad.
- **Ejemplo práctico:** Una organización reporta su inversión en programas educativos para mejorar la percepción pública y atraer talento.

La conexión entre contabilidad y administración

La administración y la contabilidad forman un dúo indispensable. Mientras la contabilidad ofrece un panorama claro y detallado de los recursos y resultados, la administración utiliza esta información para tomar decisiones informadas. Algunas áreas clave donde ambas disciplinas convergen incluyen:

- **Planificación estratégica:** Usar reportes contables para fijar metas alcanzables.
- **Control presupuestario:** Monitorear gastos y ajustarlos según las prioridades organizacionales.
- **Gestión de riesgos:** Identificar y mitigar riesgos financieros basados en datos contables.

Fórmulas Clave para Analizar Estados Financieros

El análisis de estados financieros es una herramienta fundamental tanto para contadores como administradores. Permite evaluar la salud financiera de una organización y tomar decisiones estratégicas basadas en datos concretos. A continuación, presentamos algunas de las fórmulas más utilizadas para analizar estados financieros, junto con su aplicación práctica

1. Razones de Liquidez

Evalúan la capacidad de una empresa para cumplir con sus obligaciones de corto plazo.

RAZÓN CORRIENTE= ACTIVO CORRIENTE (ENTRE) PASIVO CORRIENTE

- **Interpretación:** Indica cuántos pesos o dólares de activos líquidos están disponibles para cubrir cada dólar de pasivos a corto plazo.
- **Ejemplo:** Una razón de 2:1 sugiere que la empresa tiene el doble de activos líquidos en comparación con sus deudas inmediatas.

Prueba Ácida:
Prueba Acida=Activo Corriente-Inventarios
Pasivo Corriente

- **Interpretación:** Similar a la razón corriente, pero excluye inventarios, que pueden ser más difíciles de convertir en efectivo rápidamente.

2. Razones de Rentabilidad

Miden la capacidad de una empresa para generar ganancias en relación con sus ventas, activos o patrimonio.

Margen de Utilidad Neta
Margen de Utilidad Neta=Utilidad Neta Ventas Netas×100

- **Interpretación:** Indica qué porcentaje de cada peso o dólar vendido se convierte en ganancia neta.
- **Ejemplo:** Si el margen es del 10%, significa que de cada $100 en ventas, $10 son utilidad neta.

Rendimiento sobre el Patrimonio (ROE)
ROE=Utilidad Neta entre Patrimonio x100

- **Interpretación:** Mide la rentabilidad generada por cada peso o dólar invertido por los accionistas.

Rendimiento sobre los Activos
ROA=Utilidad Neta entre Activo total×100

- **Interpretación:** Evalúa la eficiencia con la que una empresa utiliza sus activos para generar ganancias.

3. Razones de Eficiencia

Determinan qué tan bien una empresa utiliza sus recursos internos.

- **Rotación de Inventarios**
  Rotación de Inventarios=Costo de Ventas entre Inventario Promedio
    - **Interpretación:** Mide cuántas veces se venden y reponen los inventarios en un período determinado
    - .
    - **Ejemplo:** Una rotación de 5 significa que los inventarios se renovaron cinco veces en un año.
    -

- **Rotación de Cuentas por Cobrar**
  Rotación de Cuentas por Cobrar=Ventas al Crédito entre Cuentas por Cobrar
  -
    - **Interpretación:** Indica qué tan rápido una empresa convierte sus cuentas por cobrar en efectivo.

4. Razones de Apalancamiento

Evalúan la estructura de capital de la empresa y su capacidad para manejar deuda.

- **Razón de Deuda a Patrimonio**
  Razón de Deuda a Patrimonio= Pasivo Total entre el Patrimonio Total o capital contable
    - **Interpretación:** Indica el nivel de endeudamiento de una empresa en relación con su capital propio.
    - **Ejemplo:** Un valor de 1:1 indica que la empresa tiene una deuda equivalente a su patrimonio.
- **Cobertura de Intereses**
  Cobertura de Intereses=Utilidad Operativa entre Gastos por Intereses

- **Interpretación:** Mide cuántas veces la utilidad operativa puede cubrir los gastos por intereses.

---

5. Indicadores de Mercado

Relacionan el desempeño financiero de una empresa con su valor de mercado.

- **Relación Precio-Utilidad**
  =Precio de la Acción entre Utilidad por Acción
  - **Interpretación:** Muestra cuánto están dispuestos a pagar los inversores por cada dólar de utilidad.
- **Valor en Libros por Acción**
  Valor en Libros por Acción=Patrimonio neto o capital contable entre Total Acciones en Circulación
-
  - **Interpretación:** Indica el valor contable por acción de la empresa, útil para compararlo con el precio de mercado.

Cómo Utilizar estas Fórmulas en la Administración

Los administradores pueden aplicar estas fórmulas para:

1. **Tomar decisiones financieras informadas:** Analizando razones de liquidez y rentabilidad para identificar oportunidades de inversión o áreas de mejora.
2. **Controlar riesgos:** Supervisando el apalancamiento y la capacidad de cubrir deudas a corto y largo plazo.
3. **Evaluar desempeño:** Usando razones de eficiencia para optimizar operaciones y recursos.

Capítulo 6: Superar Conflictos y Prevenir Fracasos

Estrategias infalibles: Técnicas probadas y avanzadas para resolver problemas y transformar obstáculos en oportunidades de aprendizaje y crecimiento

El conflicto y el fracaso son inevitables en cualquier organización o proyecto. Sin embargo, lejos de ser un enemigo, pueden convertirse en herramientas poderosas para el aprendizaje y la mejora continua. En este capítulo, exploraremos estrategias avanzadas y probadas para enfrentar estos desafíos, así como las ciencias adicionales que todo buen administrador debe dominar para ser efectivo.

1. Entendiendo el Conflicto: ¿Qué es y por qué surge?

El conflicto no es más que una discrepancia entre intereses, objetivos o percepciones. Puede surgir en cualquier contexto:

- **Entre personas:** Diferencias en valores, estilos de comunicación o expectativas.
- **Entre departamentos:** Metas contrapuestas o competencia por recursos.
- **A nivel organizacional:** Cambios en el entorno, como crisis económicas o disrupciones tecnológicas.

El conflicto no es intrínsecamente malo; lo que importa es cómo se maneja. Administrarlo correctamente puede conducir a soluciones innovadoras, relaciones fortalecidas y una cultura organizacional más resiliente.

---

2. Técnicas Probadas para Resolver Conflictos

a) Escucha Activa y Empática

Una comunicación efectiva comienza con la escucha. Practicar la escucha activa implica:

- Prestar atención sin interrupciones.
- Parafrasear lo que el otro dice para confirmar el entendimiento.
- Validar emociones sin necesariamente estar de acuerdo.

Herramienta: El "método de las 3 R" (Reconocer, Responder, Resolver). Reconozca el problema, responda a las emociones implicadas y luego colabore para resolver la causa subyacente.

b) Negociación Colaborativa

Utilizar un enfoque "ganar-ganar" fomenta soluciones que beneficien a todas las partes. Este enfoque incluye:

- Identificar intereses compartidos.
- Generar múltiples opciones antes de elegir una solución.
- Ser flexible en las posiciones, pero firme en los intereses.

Ejemplo práctico: En una disputa presupuestaria entre departamentos, una negociación colaborativa puede identificar formas de compartir recursos o priorizar proyectos.

c) Mediación Estructurada

Cuando las partes no logran llegar a un acuerdo, un mediador neutral puede guiar la discusión. El mediador facilita el diálogo, garantiza la equidad y ayuda a encontrar soluciones sostenibles.

d) Enfoque Sistemático en la Resolución de Problemas

Aplicar metodologías estructuradas como:

- **Análisis de la causa raíz (RCA):** Identificar el origen del conflicto en lugar de tratar solo los síntomas.
- **Método de los 5 Porqués:** Preguntar "¿por qué?" repetidamente para profundizar en el problema subyacente.

---

3. Prevención de Fracasos: Estrategias Avanzadas

Un buen administrador no solo reacciona ante los problemas; los prevé y los evita antes de que ocurran.

a) Planificación Proactiva

- Establezca objetivos claros y medibles.
- Identifique riesgos potenciales y desarrolle planes de contingencia.
- Use análisis FODA (Fortalezas, Oportunidades, Debilidades, Amenazas) para evaluar el contexto interno y externo.

b) Monitoreo y Control Constante

Las herramientas tecnológicas como dashboards en tiempo real, sistemas ERP o análisis predictivo son esenciales para supervisar el progreso y anticipar problemas.

c) Gestión del Cambio

Las organizaciones enfrentan transformaciones constantes. Preparar a los equipos para el cambio implica:

- Comunicar el propósito del cambio de manera clara y motivadora.
- Proporcionar capacitación para reducir la resistencia.
- Implementar cambios gradualmente para minimizar el impacto negativo.

d) Cultura del Aprendizaje Continuo

Las empresas que promueven una cultura de aprendizaje continuo son más resilientes ante los fracasos. Incentivar a los equipos a aprender de los errores y celebrar las soluciones innovadoras refuerza esta mentalidad.

4. Transformando los Obstáculos en Oportunidades

En lugar de temer al conflicto o al fracaso, los administradores efectivos los ven como catalizadores de cambio y crecimiento.

a) Análisis Post-Mortem de Proyectos Fallidos

- **Qué es:** Una revisión estructurada de lo que salió mal, lo que salió bien y cómo se puede mejorar.
- **Resultado:** Lecciones valiosas que pueden prevenir errores similares en el futuro.

b) Innovación a Través de la Adversidad

Muchos grandes avances nacieron de fracasos. Por ejemplo, la invención del post-it o la penicilina surgieron de errores iniciales que se transformaron en éxitos inesperados.

c) Resiliencia Organizacional

Fomentar una mentalidad resiliente en equipos y líderes permite enfrentar desafíos con optimismo y adaptabilidad.

---

5. Ciencias Adicionales que un Buen Administrador Debería Aprender

Para enfrentar con éxito los desafíos modernos, los administradores deben ampliar sus horizontes de conocimiento. Algunas ciencias clave son:

a) Psicología

- Comprender el comportamiento humano para liderar equipos más efectivos.
- Aplicar teorías como la motivación de Maslow o el modelo DISC para mejorar relaciones laborales.

b) Sociología

- Analizar dinámicas grupales y culturales dentro de la organización.
- Diseñar estrategias inclusivas que promuevan la diversidad y la colaboración.

c) Economía

- Entender conceptos macro y microeconómicos para tomar decisiones informadas.
- Evaluar cómo las tendencias globales pueden afectar la organización.

d) Inteligencia Artificial y Análisis de Datos

- Adoptar herramientas de análisis predictivo para identificar riesgos y oportunidades.
- Usar algoritmos de aprendizaje automático para optimizar procesos administrativos.

e) Ética Empresarial

- Asegurar que las decisiones se alineen con valores y principios organizacionales.
- Evitar riesgos reputacionales mediante prácticas empresariales responsables.

Conclusión

Superar conflictos y prevenir fracasos no solo es una necesidad, sino una oportunidad para convertir desafíos en lecciones valiosas y crecimiento sostenido. Las herramientas y ciencias exploradas en este capítulo son esenciales para el administrador moderno, quien debe ser tanto un estratega como un líder compasivo y visionario. Con estas habilidades, el administrador no solo guía a su equipo hacia el éxito, sino que también crea un legado de resiliencia e innovación.

Capítulo 7: Administración Empresarial Moderna: Herramientas y Modelos Eficaces

Explora cómo implementar estrategias administrativas en negocios o servicios para alcanzar el éxito de manera eficiente.

La administración empresarial moderna es un pilar fundamental para el crecimiento sostenible y el éxito de cualquier organización. En un entorno competitivo y en constante evolución, las empresas enfrentan el desafío de adaptarse rápidamente a las demandas del mercado, adoptar tecnologías innovadoras y gestionar recursos de manera óptima. Este capítulo aborda las herramientas, modelos y estrategias administrativas más eficaces que permiten a los negocios no solo mantenerse a flote, sino prosperar en el panorama actual.

---

1. Evolución de la Administración Empresarial: Del Pasado al Presente

El concepto de administración empresarial no es nuevo, pero su evolución ha sido transformadora.

- **Era industrial:** Se centró en la eficiencia productiva y la división del trabajo. Modelos como el de Frederick Taylor introdujeron principios de administración científica.
- **Era del conocimiento:** Con Peter Drucker, la administración comenzó a enfocarse en la gestión de personas como activos clave.
- **Era digital:** En la actualidad, las organizaciones integran tecnología, análisis de datos y modelos ágiles para tomar decisiones basadas en información precisa y en tiempo real.

La administración moderna combina estos enfoques históricos con herramientas innovadoras, manteniendo el equilibrio entre tecnología y el elemento humano.

---

2. Modelos Administrativos Clásicos y su Adaptación Moderna

a) El Modelo de las 5 Funciones de Fayol

Henri Fayol estableció cinco funciones fundamentales de la administración: planificación, organización, dirección, coordinación y control. En la actualidad, estas funciones se adaptan de la siguiente manera:

- **Planificación Estratégica:** Usar herramientas como *SWOT* o *PESTEL* para anticipar tendencias.
- **Organización Flexible:** Diseñar estructuras ágiles, como equipos interfuncionales, para adaptarse rápidamente.
- **Liderazgo Transformacional:** Inspirar y motivar a través del liderazgo empático y visionario.
- **Coordinación Colaborativa:** Implementar tecnologías de gestión de proyectos, como *Trello* o *Asana*.
- **Control en Tiempo Real:** Usar sistemas *ERP* para monitorear y ajustar procesos continuamente.

b) Ciclo de Deming (PDCA)

El modelo de mejora continua (Planificar, Hacer, Verificar, Actuar) sigue siendo un estándar para garantizar calidad y eficiencia.

- **Ejemplo práctico:** Empresas como Toyota lo aplican para mejorar procesos de manufactura y servicio al cliente.

c) **Metodologías Ágiles**

Herramientas como *Scrum* y *Kanban* permiten a las organizaciones manejar proyectos complejos dividiéndolos en tareas pequeñas y manejables, fomentando la colaboración y el enfoque iterativo.

---

3. Herramientas Tecnológicas para la Administración Moderna

La tecnología es un habilitador clave en la administración empresarial moderna. Algunas herramientas esenciales incluyen:

a) **Sistemas de Planificación de Recursos Empresariales (ERP)**

- **Qué son:** Plataformas integradas que gestionan múltiples procesos empresariales, como finanzas, recursos humanos, inventarios y cadena de suministro.
- **Ejemplos:** *SAP, Oracle ERP Cloud, Microsoft Dynamics 365*.
- **Beneficios:** Mejoran la eficiencia, reducen costos y facilitan la toma de decisiones informadas.

b) Software de Gestión de Proyectos

- **Herramientas:** *Asana, Monday.com, Basecamp.*
- **Función:** Ayudan a planificar, asignar tareas y monitorear el progreso en tiempo real.

c) Análisis de Datos y Business Intelligence (BI)

- **Herramientas:** *Power BI, Tableau, Google Data Studio.*
- **Importancia:** Permiten extraer información valiosa de grandes volúmenes de datos para identificar oportunidades y predecir tendencias.

d) Inteligencia Artificial (IA)

- La IA transforma la administración al automatizar tareas repetitivas, optimizar la logística y mejorar la experiencia del cliente.
- **Ejemplo:** Algoritmos de aprendizaje automático que analizan el comportamiento del consumidor para personalizar estrategias de marketing.

4. Estrategias Administrativas para el Éxito Empresarial

a) Definir Objetivos Claros y Medibles

El uso de metas SMART (Específicas, Medibles, Alcanzables, Relevantes y Temporales) es esencial para guiar los esfuerzos de la organización.

b) Gestión del Talento Humano

Los empleados son el activo más valioso. Estrategias clave incluyen:

- Implementar programas de desarrollo profesional.
- Crear una cultura organizacional positiva basada en valores.
- Usar evaluaciones de desempeño para alinear objetivos individuales con los de la organización.

c) Innovación Constante

Fomentar un entorno donde las ideas nuevas sean bienvenidas asegura que la organización se mantenga competitiva. Esto incluye:

- Invertir en investigación y desarrollo (I+D).

- Asociarse con startups o adquirir tecnologías emergentes.

d) Gestión del Cambio

En un mundo dinámico, la capacidad de adaptarse al cambio es crucial.

- **Estrategias:** Comunicar la visión, involucrar a los empleados en el proceso y brindar capacitación continua.

---

5. Casos Prácticos de Implementación Exitosa

Caso 1: Amazon y la Gestión de la Cadena de Suministro

Amazon utiliza herramientas avanzadas de análisis de datos y automatización para optimizar su logística. Su modelo de "inventario anticipado" permite predecir demandas y enviar productos antes de que sean solicitados.

Caso 2: Google y la Innovación Organizacional

Google fomenta la creatividad a través de su iniciativa "20% Time", donde los empleados pueden dedicar el 20% de su tiempo laboral a proyectos personales que beneficien a la empresa.

Caso 3: Toyota y el Modelo Lean

El enfoque Lean de Toyota se centra en la eliminación de desperdicios y la mejora continua, logrando una eficiencia sin precedentes en la manufactura.

---

6. Implementación de Herramientas en Negocios Pequeños y Medianos (PyMEs)

Las PyMEs pueden beneficiarse enormemente de las estrategias administrativas modernas, adaptándolas a sus necesidades:

- **Automatización de procesos básicos:** Usar herramientas como *QuickBooks* para contabilidad o *Zoho CRM* para la gestión de clientes.
- **Estrategias de marketing digital:** Aprovechar plataformas accesibles como redes sociales y campañas de correo electrónico segmentadas.

- **Formación continua:** Invertir en programas de capacitación accesibles para empleados.

7. Retos y Oportunidades en la Administración Empresarial Moderna

Retos:

- La rápida evolución tecnológica puede dejar obsoletas las estrategias tradicionales.
- La resistencia al cambio, tanto en líderes como en empleados, es una barrera común.

Oportunidades:

- La globalización y la conectividad digital abren nuevos mercados.
- La sostenibilidad y la responsabilidad social corporativa se convierten en diferenciadores competitivos.

Capítulo 8: Inteligencia Artificial y la Administración: El Futuro al Alcance de Todos

Descubre cómo la IA está revolucionando el trabajo de la administración, desde la automatización de procesos hasta la toma de decisiones estratégicas.

La inteligencia artificial (IA) está transformando la forma en que las organizaciones operan, optimizan recursos y toman decisiones. En el ámbito de la administración, esta revolución tecnológica ofrece herramientas y oportunidades que permiten a las empresas mejorar su eficiencia, reducir costos y anticipar cambios en un entorno cada vez más dinámico. Este capítulo profundiza en cómo la IA está impactando la administración moderna, sus aplicaciones prácticas, sus beneficios y los retos que plantea para los líderes y gestores del presente y del futuro.

---

1. ¿Qué es la Inteligencia Artificial y por qué es relevante para la administración?

La IA se refiere a la simulación de procesos de inteligencia humana mediante sistemas informáticos. Estas tecnologías permiten a las máquinas aprender de la experiencia, reconocer patrones, analizar datos y tomar decisiones con mínima intervención humana. En el ámbito administrativo, la IA actúa como una extensión estratégica que amplía las capacidades humanas, agiliza tareas repetitivas y brinda insights de alto valor.

Razones de su relevancia en la administración

- **Automatización:** Libera tiempo y recursos al asumir tareas operativas.
- **Análisis de datos:** Permite trabajar con grandes volúmenes de información para identificar tendencias y oportunidades.
- **Eficiencia:** Reduce errores humanos y optimiza procesos.
- **Personalización:** Mejora la experiencia del cliente mediante soluciones ajustadas a sus necesidades.

---

2. Aplicaciones de la IA en la Administración

a) Automatización de Procesos Administrativos

La automatización mediante IA simplifica tareas repetitivas y consume tiempo, como:

- **Gestión de nóminas:** Herramientas como *ADP Workforce Now* procesan nóminas y beneficios automáticamente.
- **Contabilidad automatizada:** Software como *QuickBooks* y *Xero* utilizan IA para registrar transacciones, generar informes y predecir flujos de efectivo.
- **Programación de reuniones:** Asistentes virtuales como *Amy* o *Cortana* organizan agendas y programan citas.

b) Toma de Decisiones Basada en Datos

Los sistemas de inteligencia empresarial (BI) con capacidades de IA permiten analizar grandes volúmenes de datos en tiempo real, proporcionando información para decisiones estratégicas.

- **Ejemplo:** Análisis de ventas en diferentes mercados para identificar regiones de alto rendimiento.
- **Herramientas:** *Power BI*, *Tableau* y *Google Analytics* integran IA para generar informes predictivos.

c) Mejora en la Experiencia del Cliente

- **Chatbots inteligentes:** Responden preguntas frecuentes, procesan pedidos y ofrecen soporte al cliente las 24 horas.
- **Ejemplo:** Amazon utiliza IA en su servicio al cliente y en recomendaciones personalizadas.
- **Optimización de campañas de marketing:** La IA analiza comportamientos de los consumidores para segmentar audiencias y mejorar la efectividad publicitaria.

d) Gestión de Recursos Humanos

La IA está redefiniendo cómo las empresas reclutan y gestion talento:

- **Reclutamiento:** Algoritmos que filtran currículums y realizan evaluaciones iniciales basadas en habilidades específicas.
- **Retención:** Sistemas que identifican empleados en riesgo de rotación y sugieren estrategias para mantenerlos.

e) Cadena de Suministro y Logística

- **Predicción de demanda:** La IA permite anticipar necesidades de inventario con

base en patrones históricos y variables externas como clima o eventos.
- **Rutas optimizadas:** Empresas como UPS usan IA para planificar rutas de entrega más eficientes, ahorrando tiempo y combustible.

---

3. Beneficios de la IA en la Administración

a) Reducción de Costos

La automatización de tareas reduce la necesidad de recursos humanos en actividades operativas, permitiendo a las empresas destinar presupuesto a áreas estratégicas.

b) Aumento de la Productividad

Los sistemas basados en IA pueden realizar análisis complejos en minutos, lo que tradicionalmente tomaría horas o días.

c) Mejora en la Toma de Decisiones

Con datos procesados en tiempo real, los líderes pueden tomar decisiones basadas en hechos en lugar de suposiciones, minimizando riesgos.

d) Escalabilidad

La IA permite a las empresas crecer sin un aumento proporcional en los costos operativos, adaptándose rápidamente a nuevas demandas.

---

4. Retos y Consideraciones Éticas de la IA en la Administración

a) Privacidad y Seguridad de los Datos

El manejo de grandes volúmenes de datos plantea preocupaciones sobre la protección de la información sensible.

b) Impacto en el Empleo

La automatización puede reemplazar tareas humanas, lo que genera inquietud sobre la pérdida de empleos. Sin embargo, también crea oportunidades en áreas como el desarrollo de IA y la gestión de datos.

c) Sesgo Algorítmico

Los algoritmos pueden perpetuar prejuicios si no se diseñan o supervisan adecuadamente.

d) Dependencia Tecnológica

Una excesiva dependencia de la IA puede limitar la capacidad de la organización para tomar decisiones en ausencia de tecnología.

---

5. Herramientas de IA para Administradores Modernos

a) Asistentes Virtuales

- **Ejemplo:** *Siri, Alexa, Google Assistant.*
- **Uso:** Ayudan en la planificación de actividades, recordatorios y consultas rápidas.

b) Plataformas de Predicción y Análisis

- **Ejemplo:** *IBM Watson, Salesforce Einstein.*
- **Función:** Identifican patrones y ofrecen recomendaciones estratégicas basadas en datos.

c) Automatización Robótica de Procesos (RPA)

- **Herramientas:** *UiPath, Blue Prism.*

- **Beneficio:** Automatizan procesos repetitivos en finanzas, recursos humanos y operaciones.

d) Herramientas de Gestión del Conocimiento

- **Ejemplo:** *Notion, Evernote.*
- **Uso:** Organizan y comparten información de manera eficiente.

---

6. Casos de Éxito en la Implementación de IA en Administración

Caso 1: Walmart

Utiliza IA para gestionar inventarios, prever demandas y mejorar la experiencia del cliente en línea.

Caso 2: Tesla

Integra IA no solo en sus vehículos, sino también en la planificación de producción y cadena de suministro.

Caso 3: Netflix

El sistema de recomendación basado en IA ha incrementado significativamente la retención de usuarios.

7. Futuro de la IA en la Administración

La inteligencia artificial seguirá evolucionando, integrándose en áreas clave como:

- **Toma de decisiones estratégicas:** Sistemas que evalúan riesgos y proponen soluciones óptimas.
- **Administración colaborativa:** IA que fomenta la interacción efectiva entre equipos humanos y máquinas.
- **Automatización avanzada:** Desde el manejo de datos hasta la implementación de políticas organizacionales.

Casos de Éxito en la Implementación de IA en México

La inteligencia artificial ha comenzado a transformar industrias clave en México, demostrando cómo puede integrarse en diferentes sectores para mejorar la eficiencia, optimizar recursos y aumentar la competitividad. A continuación, analizaremos tres casos de éxito en empresas e industrias mexicanas que han adoptado la IA como parte esencial de su estrategia administrativa y operativa.

Caso 1: Cemex y la Revolución en la Construcción

Cemex, uno de los gigantes mundiales en la industria del cemento y materiales de construcción, ha integrado herramientas de IA para transformar sus operaciones y mantener su liderazgo global.

Aplicaciones de IA en Cemex

1. **Optimización Logística:**
   Cemex ha implementado sistemas de IA para mejorar la logística de distribución,

garantizando que el cemento y otros materiales lleguen a sus destinos de manera más rápida y eficiente. El sistema analiza rutas de transporte, condiciones del tráfico y demanda en tiempo real, reduciendo costos de transporte y emisiones de carbono.
2. **Producción Inteligente:**
En sus plantas, la IA optimiza el consumo de energía y los procesos de producción mediante el monitoreo constante de las condiciones operativas. Esto no solo reduce costos, sino también el impacto ambiental.
3. **Atención al Cliente:**
Con su plataforma *Cemex Go*, basada en IA, los clientes pueden realizar pedidos, rastrear entregas y obtener soporte personalizado las 24 horas, mejorando significativamente la experiencia del usuario.

Impacto de la IA en Cemex

- Reducción de costos logísticos en un 25%.
- Incremento en la satisfacción del cliente gracias a tiempos de respuesta más rápidos.
- Mayor sostenibilidad en la producción al reducir el consumo energético y las emisiones de CO_2.

Caso 2: La Industria Tequilera Mexicana y la IA

La industria del tequila, símbolo icónico de México y patrimonio cultural, también ha comenzado a beneficiarse de la IA, especialmente en la gestión de cultivos, optimización de procesos y análisis de mercado.

Aplicaciones de IA en la Industria Tequilera

1. **Agricultura Inteligente:**
   Empresas tequileras están utilizando IA para monitorear las condiciones de los cultivos de agave. Sensores y drones recopilan datos sobre la salud del suelo, el crecimiento de las plantas y las condiciones climáticas, permitiendo a los productores tomar decisiones más informadas y aumentar el rendimiento de los cultivos.
2. **Control de Calidad:**
   En las destilerías, sistemas de visión artificial equipados con IA analizan la calidad del producto durante las etapas de producción, asegurando que cada botella cumpla con los estándares más altos.

3. **Predicción de Demanda:**
   Utilizando análisis avanzados de datos de mercado, las marcas tequileras ajustan su producción para satisfacer las demandas internacionales, evitando superproducción o escasez.

Impacto de la IA en la Industria Tequilera

- Incremento en la eficiencia de los cultivos en un 30%, maximizando el uso de recursos naturales.
- Mejora de la consistencia y calidad del producto final, reforzando la reputación del tequila mexicano en mercados globales.
- Expansión estratégica hacia mercados emergentes gracias a datos precisos sobre tendencias de consumo.
-

Caso 3: Telmex y la Transformación Digital en las Telecomunicaciones

Telmex, líder en telecomunicaciones en México, ha adoptado soluciones de IA para optimizar sus servicios y mejorar la experiencia del cliente en un mercado altamente competitivo.

Aplicaciones de IA en Telmex

1. **Mantenimiento Predictivo:**
   Telmex utiliza IA para monitorear su infraestructura de red, detectando problemas antes de que ocurran. Esto garantiza un servicio más confiable y minimiza interrupciones para los usuarios.
2. **Atención al Cliente Automatizada:**
   La compañía ha implementado asistentes virtuales basados en IA que pueden resolver consultas comunes, como problemas con internet o facturación, de forma instantánea y personalizada.
3. **Optimización de Redes:**
   Algoritmos de IA analizan el tráfico de datos en tiempo real, ajustando automáticamente el ancho de banda y priorizando áreas con mayor demanda para evitar saturaciones.

Impacto de la IA en Telmex

- Reducción del tiempo de inactividad de la red en un 40%.
- Aumento en la satisfacción del cliente gracias a soluciones más rápidas y efectivas.

- Optimización de recursos y reducción de costos operativos, lo que permite ofrecer planes más competitivos.

México, Innovación y Futuro

Estos casos demuestran que la IA no es exclusiva de grandes corporaciones tecnológicas, sino que puede aplicarse en una amplia variedad de sectores, desde la construcción y el tequila hasta las telecomunicaciones. Empresas como Cemex, las tequileras mexicanas y Telmex están liderando el camino hacia un futuro donde la tecnología no solo mejora la productividad y la eficiencia, sino que también permite a las organizaciones ser más sostenibles, resilientes y centradas en el cliente.

Para los administradores modernos, aprender de estos ejemplos y adoptar la IA de manera estratégica es clave para mantenerse relevantes y competitivos en un mundo que exige innovación

La Hacienda Pública Mexicana y la Implementación de IA

La Hacienda Pública Mexicana, como pilar de la administración financiera del país, también ha comenzado a adoptar la inteligencia artificial (IA) para mejorar sus procesos, garantizar una mayor transparencia y fortalecer la recaudación fiscal. En un contexto donde la administración eficiente de los recursos públicos es esencial, las herramientas de IA están transformando la forma en que se gestionan los ingresos y egresos del gobierno.

Áreas de Aplicación de la IA en la Hacienda Pública Mexicana

1. Recaudación Fiscal y Detección de Evasión

El Servicio de Administración Tributaria (SAT), en colaboración con expertos en tecnología, ha implementado algoritmos avanzados de IA para analizar grandes volúmenes de datos fiscales. Estos sistemas pueden identificar patrones sospechosos en las declaraciones de impuestos y detectar posibles casos de evasión fiscal.

Ejemplo práctico:

- La IA cruza información de facturas electrónicas, registros de nómina, cuentas bancarias y transacciones comerciales, generando alertas automáticas cuando detecta discrepancias o irregularidades.
- Este enfoque ha aumentado significativamente la recaudación al detectar fraudes fiscales de manera más eficiente que los métodos tradicionales.

Resultados observados:

- Incremento en la recaudación fiscal sin necesidad de aumentar impuestos.
- Mayor confianza ciudadana al demostrar que se combate la evasión de manera equitativa.

---

2. Presupuesto y Gasto Público

La IA se utiliza para optimizar la asignación y seguimiento del presupuesto público. Esto incluye prever las necesidades de recursos en diferentes sectores, como salud, educación o infraestructura, y garantizar que los fondos sean utilizados de manera eficiente.

Ventajas clave:

- **Modelos predictivos:** Los algoritmos pueden anticipar déficits presupuestarios y sugerir ajustes antes de que ocurran problemas financieros.
- **Transparencia:** La IA permite un monitoreo en tiempo real del gasto público, identificando posibles desvíos o ineficiencias.

Impacto:

- Mayor control en la ejecución del presupuesto nacional.
- Reducción en los casos de corrupción y malversación de fondos.

3. Gestión de Deuda Pública

La Hacienda Pública utiliza herramientas basadas en IA para analizar las tendencias del mercado financiero y optimizar la emisión y manejo de deuda pública. Estas tecnologías ayudan a decidir cuándo emitir bonos gubernamentales, en qué montos y en qué mercados, maximizando el rendimiento y minimizando los costos.

Ejemplo:

- Algoritmos de IA analizan tasas de interés globales, tipos de cambio y estabilidad económica para recomendar estrategias de financiamiento.

Beneficio:

- Una gestión más precisa de la deuda pública que reduzca la carga financiera a largo plazo para el país.

---

4. Atención al Contribuyente

El SAT ha incorporado asistentes virtuales basados en IA para responder consultas frecuentes de los contribuyentes, simplificando los procesos fiscales.

Características:

- Disponibilidad 24/7.
- Capacidad para guiar a los usuarios en procesos como la declaración anual, el registro de facturas electrónicas o el pago de impuestos.

Impacto:

- Reducción de tiempos de espera en los centros de atención fiscal.
- Mejora en la satisfacción del contribuyente, incentivando el cumplimiento fiscal voluntario.

Retos y Perspectivas

Aunque los avances son significativos, la implementación de la IA en la Hacienda Pública enfrenta retos como:

- **Capacitación:** Es necesario formar a los funcionarios en el uso y manejo de estas herramientas tecnológicas.

- **Infraestructura:** Asegurar que los sistemas sean robustos, seguros y capaces de manejar grandes volúmenes de datos.
- **Ética y privacidad:** Proteger la información personal y financiera de los ciudadanos frente a posibles abusos o filtraciones.

En el cercano futuro, la integración de IA en la Hacienda Pública no solo permitirá una gestión más eficiente, sino también un fortalecimiento de la confianza ciudadana en las instituciones gubernamentales. Esto representa un paso clave hacia una administración más moderna, transparente y adaptada a las necesidades del siglo XXI.

Capítulo 9: Gestión de Gobiernos: Ejemplos y Modelos Inspiradores

La gestión gubernamental efectiva no es un objetivo distante; es un proceso continuo de aprendizaje y aplicación de principios administrativos que pueden transformar el funcionamiento de una sociedad. En este capítulo, narro cómo los principios de la administración se aplican en el ámbito gubernamental, beneficiando a la sociedad en aspectos como la transparencia, la eficiencia y la sostenibilidad. Analizaremos ejemplos concretos y modelos exitosos que ilustran cómo la administración, cuando se implementa con precisión y visión, puede ser una herramienta poderosa para el cambio social.

La Administración Gubernamental: Mucho Más que Burocracia

La administración gubernamental, como disciplina, combina los principios de organización, liderazgo, planeación y control con la necesidad de satisfacer las demandas de los ciudadanos. A diferencia de la gestión empresarial, el enfoque de la administración pública no está en generar utilidades, sino en maximizar el bienestar social, utilizando recursos públicos de manera eficiente y equitativa.

Principios Administrativos en los Gobiernos

1. **Planeación Estratégica:** Definir objetivos a largo plazo y estrategias para lograrlos, con énfasis en el desarrollo sostenible.
2. **Organización Eficiente:** Crear estructuras jerárquicas y funcionales que permitan una distribución clara de responsabilidades.
3. **Dirección y Liderazgo:** Coordinar a equipos de trabajo e inspirar a los funcionarios a actuar en beneficio del público.
4. **Control y Evaluación:** Medir el impacto de políticas públicas y ajustar estrategias para maximizar resultados.

Estos principios no solo mejoran la operatividad del gobierno, sino que también fortalecen la confianza ciudadana al demostrar un uso responsable y efectivo de los recursos públicos.

Modelos Inspiradores: Ejemplos de Éxito Global

1. Singapur: Eficiencia y Meritocracia

El caso de Singapur es uno de los ejemplos más citados en la gestión gubernamental moderna. Desde su independencia en 1965, el país ha implementado políticas administrativas innovadoras para enfrentar desafíos como la falta de recursos naturales y su limitada extensión territorial.

Claves del éxito:

- **Meritocracia:** Los altos funcionarios gubernamentales son seleccionados con base en su capacidad y desempeño, asegurando un liderazgo altamente calificado.
- **Innovación tecnológica:** La digitalización de servicios públicos ha reducido la burocracia y mejorado la calidad de vida de los ciudadanos.
- **Planeación a largo plazo:** Políticas urbanísticas y económicas diseñadas para décadas garantizan un desarrollo sostenido.

Impacto:
Singapur es hoy un referente global en desarrollo económico, calidad de vida y transparencia gubernamental.

---

2. Nueva Zelanda: Gobierno Abierto y Centrado en Resultados

Nueva Zelanda es reconocido por su modelo de gestión pública enfocado en la transparencia y la responsabilidad.

Características principales:

- **Presupuestos basados en resultados:** Los ministerios reciben financiamiento en función de metas específicas y medibles.
- **Participación ciudadana:** Plataformas digitales permiten a los ciudadanos opinar sobre políticas públicas.
- **Ética gubernamental:** Las estrictas normativas contra la corrupción han posicionado al país como uno de los menos corruptos del mundo.
-

Lección clave:
Un enfoque en resultados, combinado con una comunicación abierta, genera confianza y un impacto positivo en la sociedad.

México: Retos y Oportunidades en la Administración Pública

En el caso de México, los desafíos de la gestión gubernamental incluyen la corrupción, la burocracia excesiva y las desigualdades sociales. Sin embargo, también existen iniciativas y modelos destacados que han demostrado ser efectivos en abordar problemas complejos.

Ejemplo: Digitalización de la Hacienda Pública

El Servicio de Administración Tributaria (SAT) ha implementado herramientas como la factura electrónica y la eFirma, posicionándose como un referente en América Latina en la recaudación fiscal eficiente.

Resultados:

- Aumento de la base tributaria.
- Reducción de la evasión fiscal.

- Simplificación de trámites para los contribuyentes.

Gobiernos Estatales Innovadores: Caso de Jalisco

El estado de Jalisco ha implementado programas de seguridad pública basados en análisis de datos, utilizando herramientas de inteligencia artificial para predecir y prevenir delitos.

Impacto:

- Reducción en los índices de criminalidad.
- Mayor confianza ciudadana en las instituciones de seguridad.

La Administración Científica en el Ámbito Gubernamental

El uso de la administración científica en el gobierno se traduce en la adopción de técnicas modernas para resolver problemas sociales complejos.

Aplicaciones Clave:

1. **Big Data:** Análisis de grandes volúmenes de datos para tomar decisiones informadas.
2. **Evaluación Costo-Beneficio:** Métodos para determinar la viabilidad de proyectos públicos.
3. **Automatización:** Uso de tecnología para optimizar procesos burocráticos.

Ejemplo: Japón y el Transporte Público

Japón aplica principios administrativos avanzados en la gestión de su sistema ferroviario.

- **Puntualidad extrema:** Los trenes operan con retrasos promedio de segundos, garantizando un transporte confiable.
- **Eficiencia energética:** Sistemas sostenibles reducen costos operativos y el impacto ambiental.

Transformando Obstáculos en Oportunidades

La administración en los gobiernos no solo se trata de mantener el funcionamiento diario; también implica abordar desafíos de manera proactiva para crear oportunidades de desarrollo.

Ejemplo: Plan de Desarrollo Sostenible de la ONU

La Agenda 2030 de las Naciones Unidas, con sus 17 objetivos de desarrollo sostenible, es un modelo inspirador de cómo los principios administrativos pueden alinearse con metas globales.

Hacia una Gestión Pública de Excelencia

La administración en la gestión gubernamental no solo define el presente, sino que también moldea el futuro de las sociedades. Los ejemplos y modelos analizados en este capítulo demuestran que, con un enfoque estratégico, innovación tecnológica y liderazgo ético, los gobiernos pueden superar desafíos y generar cambios profundos en beneficio de sus ciudadanos.

El aprendizaje continuo y la implementación de prácticas administrativas modernas deben ser pilares fundamentales para cualquier gobierno que aspire a ser un agente de transformación y desarrollo sostenible.

Integración de Modelos Gubernamentales: Lecciones para el Futuro

Los modelos exitosos en la administración gubernamental, como los mencionados en este capítulo, ofrecen lecciones valiosas que pueden adaptarse a distintos contextos. Sin embargo, la clave del éxito radica en la capacidad de innovar constantemente, aprender de los errores y adaptarse a las necesidades cambiantes de la sociedad.

1. La Importancia del Liderazgo Ético

Un gobierno eficiente comienza con líderes comprometidos con los principios de transparencia, equidad y servicio. Henry Fayol ya destacaba que el liderazgo en cualquier estructura organizativa debe basarse en el ejemplo, la coherencia y el compromiso con el bien común.

Caso Inspirador:

En Escandinavia, los líderes gubernamentales son conocidos por su cercanía con los ciudadanos y su enfoque en reducir la desigualdad. Estos países han demostrado que una administración pública ética no solo mejora la percepción ciudadana, sino también la eficiencia de las políticas implementadas.

---

2. La Participación Ciudadana: Un Pilar Indispensable

En las democracias modernas, los ciudadanos no son meros observadores, sino actores fundamentales en la administración pública. La participación activa a través de consultas públicas, encuestas y plataformas digitales fomenta la transparencia y la confianza.

Modelo Destacado: La Gestión Participativa de Porto Alegre, Brasil

El presupuesto participativo de esta ciudad brasileña permite a los ciudadanos decidir en qué proyectos se invertirán los recursos públicos. Esto ha fortalecido la relación entre el gobierno y la comunidad, asegurando que las prioridades de inversión reflejan las necesidades reales de la población.

3. Innovación Tecnológica: Impulsando la Eficiencia

La integración de herramientas tecnológicas, como la inteligencia artificial, el blockchain y los sistemas de información geográfica (SIG), está transformando la administración pública en muchos países. Estas tecnologías permiten la automatización de procesos, mejoran la toma de decisiones y reducen la corrupción.

Ejemplo en México:
El programa "Gobierno Digital" ha facilitado la realización de trámites en línea, como la expedición de actas de nacimiento y el pago de impuestos. Aunque aún enfrenta retos, este enfoque ha reducido los tiempos de espera y mejorado la accesibilidad de los servicios gubernamentales.

La Administración Científica: Un Pilar en el Ámbito Público

El enfoque científico en la administración pública no es nuevo, pero su aplicación ha cobrado relevancia en las últimas décadas. Este método se basa en analizar datos, identificar patrones y diseñar políticas basadas en evidencia.

Componentes Clave de la Administración Científica en Gobiernos:

1. **Planeación basada en datos:** Usar estadísticas y proyecciones para planificar políticas públicas.
2. **Evaluación de impacto:** Implementar métricas claras para medir el éxito de los programas.
3. **Optimización de recursos:** Maximizar el uso de recursos financieros, humanos y materiales.

Ejemplo Inspirador: Corea del Sur y el "Gobierno 3.0"
El gobierno surcoreano ha implementado un modelo administrativo centrado en la personalización de los servicios públicos mediante el uso de big data e inteligencia artificial. Esto ha

permitido identificar las necesidades específicas de cada comunidad, mejorando la calidad de vida de sus ciudadanos.

Retos Globales: Hacia un Futuro más Sostenible

Aunque la administración gubernamental ha evolucionado significativamente, enfrenta desafíos globales como el cambio climático, la desigualdad económica y las crisis migratorias.

Soluciones Basadas en la Administración:

1. **Colaboración Internacional:** Políticas coordinadas entre países pueden abordar problemas globales de manera más efectiva.
2. **Desarrollo Sostenible:** Implementar principios de economía circular y energías renovables en las políticas públicas.
3. **Educación Ciudadana:** Fomentar una cultura de responsabilidad y participación entre los ciudadanos.
4.

Ejemplo Inspirador: La Unión Europea y el Pacto Verde Europeo

Este ambicioso plan busca transformar a Europa en el primer continente climáticamente neutro para 2050, integrando estrategias administrativas que abarcan la economía, el transporte y la agricultura sostenible.

Conclusión: El Poder Transformador de la Administración Pública

La administración en la gestión de gobiernos es mucho más que un conjunto de procesos burocráticos; es una herramienta esencial para construir sociedades más justas, equitativas y prósperas. A través de la aplicación de principios administrativos, los líderes gubernamentales tienen el poder de resolver problemas complejos, optimizar recursos y mejorar la calidad de vida de sus ciudadanos.

Los modelos y ejemplos presentados en este capítulo demuestran que la administración no es estática; es un proceso dinámico que se adapta a los retos del momento. El aprendizaje continuo, la innovación tecnológica y la participación activa de todos los actores son fundamentales para garantizar el éxito en la gestión gubernamental.

Con estas lecciones, queda claro que los principios administrativos no sólo son relevantes para las empresas, sino también para el ámbito público, donde su impacto puede transformar naciones enteras. ¿El desafío? Aplicarlos con compromiso, ética y una visión a largo plazo.

Capítulo 10: La Administración: El Camino Hacia el Éxito

Conclusiones y Reflexiones Finales

A lo largo de este libro, hemos explorado cómo la administración, en sus múltiples formas y aplicaciones, no solo es una ciencia o un arte, sino una herramienta poderosa para transformar nuestras vidas. Desde los fundamentos históricos de grandes visionarios como Chanakya y Luca Pacioli hasta las innovaciones modernas impulsadas por la inteligencia artificial, la administración ha evolucionado como un puente entre el caos y el orden, entre el sueño y su realización.

Ahora, en este cierre, es momento de reflexionar sobre lo aprendido y entender cómo podemos llevar estas lecciones a nuestra vida personal, profesional e incluso social.

La Administración Como Estilo de Vida

Más que una técnica para gestionar negocios o gobiernos, la administración es una forma de pensar. Es la capacidad de analizar situaciones, planificar con precisión, liderar con empatía y ejecutar con disciplina. Estas habilidades no se limitan al ámbito laboral; son esenciales para cualquier ámbito de la vida.

1. **En lo personal:**
   La administración te enseña a priorizar lo importante, gestionar tus recursos (tiempo, dinero, energía) y alcanzar tus metas. Eres el director general de tu propia vida, y cada decisión es una inversión en tu futuro.
2. **En lo profesional:**
   La administración eficiente te permite liderar equipos, optimizar procesos y generar resultados. Las empresas que prosperan son aquellas que integran principios administrativos sólidos con innovación y flexibilidad.
3. **En lo social:**
   La administración también tiene un rol transformador en la sociedad. Cuando los principios de liderazgo y organización se aplican a nivel gubernamental, comunitario o global, los resultados pueden cambiar vidas y construir un mundo mejor.

Lecciones Clave para Recordar

1. **El aprendizaje continuo es la base del éxito.** Como lo demuestra la historia de la administración, los grandes logros vienen de aquellos que están dispuestos a adaptarse y evolucionar. Nunca dejes de aprender y mejorar.
2. **La planificación no es opcional.** Ya sea que estés administrando un negocio o tu propio tiempo, un plan claro es la brújula que te guiará hacia tus objetivos.
3. **La disciplina supera al talento.** La administración requiere constancia y enfoque. No basta con tener grandes ideas; necesitas la determinación para ejecutarlas.
4. **La tecnología es tu aliada.** En un mundo en constante cambio, herramientas como la inteligencia artificial pueden marcar la diferencia en la eficiencia y el impacto de tus decisiones administrativas.
5. **El éxito es un viaje, no un destino.** La administración no solo te ayuda a alcanzar metas, sino a disfrutar del proceso y aprender de cada paso.

Frases Inspiradoras para el Camino Administrativo

1. *"Un objetivo sin un plan es solo un deseo."* — Antoine de Saint-Exupéry.
   Recuerda que la planificación es la esencia de la administración. Cada paso cuenta, y un plan bien ejecutado te llevará más lejos de lo que imaginas.
2. *"El liderazgo no consiste en ser el mejor, sino en hacer a los demás mejores."* — John C. Maxwell.
   La administración efectiva no se trata solo de resultados, sino de construir equipos y comunidades sólidas.
3. *"La administración es eficiente en escalar la escalera del éxito; el liderazgo determina si la escalera está apoyada en la pared correcta."* — Stephen Covey.
   No olvides la importancia de dirigir tus esfuerzos hacia metas que realmente importan.
4. *"El éxito es la suma de pequeños esfuerzos repetidos día tras día."* — Robert Collier.

La constancia es clave. Cada decisión, por pequeña que sea, te acerca a tu objetivo.

5. *"El tiempo es el recurso más valioso que tienes; administrarlo bien."* — Anónimo.
   La administración personal comienza con la gestión eficaz de tu tiempo.

Motivación Final: Tú Eres el Arquitecto de Tu Propio Éxito

Al concluir este viaje, quiero recordarte algo importante: la administración no es solo para empresas o gobiernos. Es para todos nosotros. Es una filosofía de vida que nos ayuda a dar sentido al caos, a construir con propósito y a liderar con impacto.

Como autor de este libro y como alguien que ha aprendido a lo largo de 75 años a enfrentar los desafíos con gratitud y determinación, te invito a aplicar las herramientas que aquí compartimos. Toma lo que aprendiste y personalízalo para tu propia vida. Cada día es una nueva oportunidad para planificar, liderar y triunfar.

Que este libro sea una guía constante en tu camino hacia el éxito. Las metas personales y profesionales que sueñas están al alcance de tus manos. Con dedicación, aprendizaje y una administración consciente, puedes lograr lo que te propongas.

¡El futuro está en tus manos, y comienza ahora!

Un Agradecimiento Final

Quiero cerrar este libro con un sincero agradecimiento a ti, querido lector. El tiempo que dedicaste a explorar estas páginas es un testimonio de tu compromiso con tu crecimiento personal y profesional. Este libro nació con la intención de compartir conocimiento, experiencias y estrategias que te permitan vivir una vida más organizada, eficiente y plena.

Es un honor haber caminado contigo a lo largo de estas ideas, desde las raíces históricas de la administración hasta las herramientas más avanzadas del presente. Cada capítulo fue diseñado para que descubrieras no solo cómo administrar negocios, gobiernos o equipos, sino cómo administrar tu propia vida con propósito y dirección.

Tu Próximo Paso: Acciona, Lidera y Aprende

La administración no es un concepto estático; es una habilidad viva que crece contigo. Ahora que has llegado al final de este libro, el verdadero trabajo comienza. Aquí tienes algunos pasos prácticos para dar el siguiente paso:

1. **Reflexiona:** Tómate un momento para identificar las áreas de tu vida o de tu trabajo que necesitan una mejor administración. ¿Dónde puedes implementar lo que has aprendido?
2. **Establece metas:** Usa las herramientas de planificación y estrategias que revisamos. Define objetivos claros, medibles y alcanzables.
3. **Comparte:** El conocimiento crece cuando se comparte. Invita a tus colegas, amigos o familiares a unirse a tu camino administrativo. Comparte tus aprendizajes y ayuda a otros a prosperar.

4. **Sigue aprendiendo:** Este libro es solo el comienzo. Busca nuevas oportunidades para aprender, ya sea a través de cursos, lecturas o experiencias. La administración es un viaje, no un destino final.

Como autor, mexicano y el conocimiento obtenido en mi carrera primera generación de Licenciados en Administración de Empresas en Universidad de Guadalajara, mas mis experiencias laborales y profesionales en grandes empresas, la creación de las propias hasta la fecha, soy profundamente agradecido por las oportunidades que la vida me ha dado, mi mayor deseo es que este libro inspire y transforme. Escribir estas páginas ha sido un ejercicio de constancia, asiduidad, pasión, aprendizaje y amor por compartir aquello que me ha servido a lo largo de mi vida y compartirla para todos.

Recuerda que el éxito no se mide solo en resultados tangibles. Se mide en la satisfacción de saber que estás construyendo algo significativo, en el impacto positivo que dejas en los demás y en la gratitud por cada paso del camino.

frases de Inspiración para Despedirnos

"El éxito no es la clave de la felicidad. La felicidad es la clave del éxito. Si amas lo que haces, tendrás éxito." — Albert Schweitzer

"La administración eficaz no solo transforma negocios, en conocimiento, riqueza y crecimiento, sino que la que también la derrama y comparte con la vida de quienes la hacen posible " – End

"Los grandes líderes no nacen; se hacen, a través del trabajo, la práctica y la administración de su propia vida." — Peter Drucker.

Querido lector, el éxito está a tu alcance. Usa la administración como tu brújula, como la herramienta que te llevará a donde sueñas estar. Recuerda que cada día es una oportunidad para avanzar, para liderar y para ser la mejor versión de ti mismo.

Eduardo Navarro Delgado

Epílogo: Un Viaje que Apenas Comienza

Al cerrar este libro, me invade una profunda sensación de gratitud y satisfacción. Gratitud por haber tenido la oportunidad de compartir contigo estas páginas, y satisfacción porque sé que, al leerlo, has dado un paso importante hacia una vida más organizada, estratégica y orientada al éxito, no solo en lo profesional, sino también en lo personal.

Soy Eduardo Navarro Delgado, orgullosamente mexicano, nacido y formado en la hermosa ciudad de Guadalajara, Jalisco. Allí, en la Universidad de Guadalajara, descubrí mi pasión por la administración, una disciplina que, como habrás visto, va mucho más allá de números y procedimientos: es un arte, una ciencia y, sobre todo, una herramienta para construir el futuro que soñamos.

Este libro no es solo una recopilación de teorías y conceptos. Es el reflejo de años de aprendizaje en las aulas, en los pasillos de la vida profesional y en los momentos más personales de mi existencia. Desde la historia de la administración, los principios clásicos y las herramientas modernas, hasta las aplicaciones en nuestras vidas diarias, he intentado transmitir en estas páginas lo que considero esencial para que la administración se convierta en un aliado poderoso en tu camino hacia el éxito.

Espero que, al llegar a este punto, te sientas inspirado a aplicar lo que has aprendido. Si algo quiero que recuerdes de este viaje es que la administración no es solo para empresas o gobiernos; también es para tu vida, tus relaciones y tus metas. Es la clave para transformar sueños en realidad, obstáculos en oportunidades y desafíos en aprendizajes.

En mi experiencia, lo que realmente nos lleva lejos es la combinación de conocimiento, empatía y generosidad. He aprendido que la vida se enriquece cuando compartimos logros, tiempo y recursos con quienes nos rodean, ya sea nuestra familia, nuestros equipos de trabajo o nuestra comunidad.

Este libro es mi manera de compartir contigo lo que he aprendido, con la esperanza de que encuentres en él las herramientas y la motivación para seguir creciendo.

A las generaciones más jóvenes, a quienes quizás estén iniciando su camino, les digo: el éxito no es un destino fijo, es un viaje. Un viaje que requiere preparación, disciplina, pasión y, sobre todo, humanidad. La administración no solo te ayudará a organizar tus proyectos, sino también a construir relaciones sólidas, tomar decisiones sabias y superar los retos con confianza.

Mi mayor deseo es que este libro te haya ofrecido no solo conocimientos útiles, sino también una nueva perspectiva sobre lo que eres capaz de lograr. Que cada página te haya inspirado a reflexionar, a actuar y a avanzar con determinación hacia tus metas.

Gracias por permitirme acompañarte en este viaje. Estoy convencido de que tienes todas las herramientas para construir una vida llena de logros, satisfacciones, aprendizaje y significado.
" **La administración es el vehículo, pero el conductor... siempre serás tú** "

¡Éxito en cada paso que des!

Eduardo Navarro Delgado
Guadalajara, Jalisco

Guadalajara Jal., 26 de Noviembre de 2024

www.ingramcontent.com/pod-product-compliance
Lightning Source LLC
Chambersburg PA
CBHW071545220526

45469CB00003B/921